古代歷史文化 研究輯刊

十五編

王明蓀 主編

第 **18** 冊

從鄭貴妃到客氏：
晚明政爭中的幾個宮闈女性

鄭冠榮 著

國家圖書館出版品預行編目資料

從鄭貴妃到客氏：晚明政爭中的幾個宮闈女性／鄭冠榮 著 ——
初版 —— 新北市：花木蘭文化出版社，2016〔民 105〕
目 2+138 面；19×26 公分
（古代歷史文化研究輯刊 十五編：第 18 冊）
ISBN 978-986-404-615-7（精裝）
1. 政治鬥爭 2. 后妃 3. 明史
618   105002224

ISBN-978-986-404-615-7

9 789864 046157

古代歷史文化研究輯刊
十五編　第十八冊　　　　　　　ISBN：978-986-404-615-7

從鄭貴妃到客氏：晚明政爭中的幾個宮闈女性

作　　者　鄭冠榮
主　　編　王明蓀
總 編 輯　杜潔祥
副總編輯　楊嘉樂
編　　輯　許郁翎
出　　版　花木蘭文化出版社
社　　長　高小娟
聯絡地址　235 新北市中和區中安街七二號十三樓
　　　　　電話：02-2923-1455／傳眞：02-2923-1452
網　　址　http://www.huamulan.tw 信箱 hml 810518@gmail.com
印　　刷　普羅文化出版廣告事業
初　　版　2016 年 3 月
全書字數　123565 字
定　　價　十五編 23 冊（精裝）台幣 45,000 元
版權所有・請勿翻印

從鄭貴妃到客氏：
晚明政爭中的幾個宮闈女性

鄭冠榮　著

作者簡介

鄭冠榮，出生於高雄，從小就愛看電視的古裝戲，舉凡國、臺語連續劇、歌仔戲、京劇照單全收，因此對於宮廷故事，非常有興趣。後來有幸到國立臺灣師範大學歷史研究所就讀，更有機會鑽研宮闈的各種文化。碩班畢業後，在南部任教，每次講到政治史，不免會介紹當時的帝王與后妃的故事，並與學生討論如何辨別正史與電視劇人物的異同之處，師生一起共同增長知識。

提　　要

　　本文研究的宮闈女性主要以晚明的鄭貴妃、李選侍、客氏為對象，她們分別對萬曆、泰昌、天啟朝的政爭，有相當程度的影響，故為本文研究之重心。至於其他的后妃，如：李太后、王皇后等人，也將適時加以類比補充，盡量呈現宮闈女性在政治上所扮演的角色。

　　第一章主要探討傳統中國政治中的性別差異，從對「牝雞司晨」一詞的質疑，分析傳統中國「女禍」思想產生的原因，並透過歷史上的「女禍」，及後世對「女主政治」的負面評價，以論述「女禍」思想為何能夠深植人心。其次，介紹明朝防範「后妃干政」的措施，以瞭解明代為何能「宮壼肅清」。第二章與第三章探討鄭貴妃與「國本」之爭及其餘波的關係，由於鄭貴妃受寵時間甚長，因此在萬曆朝發生的一些宮闈案件，皆有涉及到她，因此以兩章剖析其對政治的影響。第四章則論李選侍與泰昌政局的關係，雖然她在政壇的時間甚短，但這段時間，她被東林黨人指控具「垂簾聽政」的野心，後來她遠離政治反而受到同情，反映她對政爭的微妙影響。第五章主要論述客氏，從客氏與熹宗「情同母子」的關係以及客、魏擅政的情形，探討東林黨人對客氏的批判，以及未能成功的原因。

　　總之，鄭貴妃、李選侍、客氏三人之所以成為晚明政局中備受爭議的人物，乃因她們都被懷疑左右君意，操縱帝心，再加上黨爭的激烈與各派系士大夫不同的解讀，較難有客觀評價。

目

次

緒　論

　　萬曆後期，明神宗荒怠不理政事，與外廷隔絕。而臣僚之間，則意氣矯激，演爲朋黨，形成激烈的黨爭。其中尤以「東林黨」〔註1〕最受矚目。他們的活動，直接影響晚明政局的起伏變化，貫穿萬曆（1573～1620）、泰昌（1620）、天啓（1621～1627）三朝，並蔓延至崇禎朝（1628～1644）、乃至南明。也由於晚明政爭對各方面的影響頗爲深遠，引起學者的重視，所以爲明史研究領域中重要的一環。

　　有關晚明政爭的研究成果，在 1949 年之前，以謝國楨《明清之際黨社運動考》〔註2〕最具代表性，1949 年之後，兩岸對黨社的研究仍持續發展，臺灣的論著，仍屬於通論性的文章，偏重於政治史與學術思想史；〔註3〕大陸則因爲「資本主義萌芽問題」的討論，對於東林黨人與晚明社會經濟關係有更深入的鑽研，彌補臺灣研究不足之處，不過許多大陸學者深信歷史五階段論適用於一切人類的普遍規律，因此這方面的討論，多立足於「階級鬥爭」的觀

〔註1〕 「東林黨」原是反對顧憲成、李三才等人的士大夫所加的名目，其領導人物
　　　　最初雖爲東林書院之學者，而所謂「東林黨人」卻不盡與該書院皆有淵源，
　　　　因此「東林黨」，牽扯的人物既多，涵蓋的方面亦廣。參見：林麗月，〈明末
　　　　東林運動新探〉，國立台灣師範大學歷史研究所博士論文，1984 年，頁 1。
〔註2〕 謝國楨，《明清之際黨社運動考》（台北：臺灣商務印書館，1967 年），該書原
　　　　出版年代爲 1934 年。
〔註3〕 如：雷飛龍，〈漢、唐、宋、明朋黨的形成原因〉，國立政治大學政治研究所
　　　　博士論文，1962 年；古清美，〈顧涇陽、高景逸思想之比較研究〉，國立臺灣
　　　　大學中文研究所博士論文，1979 年。

點。〔註4〕此外，西方漢學家對東林黨爭的探究，亦有豐碩的成果。〔註5〕

近二十年來，中外學者，對晚明政爭的重要研究，依所討論的問題，可歸納為幾類，茲將研究簡介於下，以見前人論著成果之概要：

一、晚明黨爭的過程

探討晚明黨爭，首先必須研究其起源，許多學者都已發現這與整個明代歷史發展有很大的關係。劉志琴在〈論東林黨的滅亡〉一文中，指出這是統治階級內部長期鬥爭的結果。〔註6〕吳觀文〈論明代黨爭的特點〉則歸因於君主專制體制發展演化的必然結果，〔註7〕但並未深入探討。鄭克晟《明代政爭探源》，〔註8〕認為明中後期的黨爭，乃江南地主與北方地主在朝廷一些政策中的分歧及兩大政治集團內部之矛盾與鬥爭所導致的。

然而從政治制度來看，明代黨爭的發生，與各部門之間的職權衝突有密切的關係。就內閣和吏部的權力消長而言，明初廢相以後，內閣權力的膨脹，使吏部的人事權備受干擾，自主性因而受到損害。鄭培凱〈湯顯祖與晚明政治〉，〔註9〕透過吏部官員趙邦清罷官事件，探討明代官場政治中，糾紛事端最多的機構—吏部，其事端之多，主要在於掌控大小官員的陞遷降調，尤其張居正死後，言路逐漸高漲，吏部也以公正自許，欲奪取內閣擁有之權。〔註10〕萬曆二十一年（1593）的「癸巳京察」便是衝突發生的一個典型例子。林麗月在〈閣部衝突與萬曆朝的黨爭〉文中指出，雖然東林人士在爭取吏部權力的自主上，相當關注，但對於最足以損害官僚體系自主性的君權則未直接攻擊，「反而強調君主個人為政治權力的根源，具有絕對的尊嚴。其目的在使吏部

〔註4〕相關討論詳見林麗月，〈東林運動與晚明經濟〉，《晚明思潮與社會經濟》（台北：淡江中文系，1987年12月），頁562～563。

〔註5〕如：Charles O. Hucker, "The Tung-lin Movement of the Late Ming Period", in J. K. Fairbank ed., Chinese Thought and Institutions, University of Chicago Press , 1957, pp.132～162.以及 Heinrich Busch, "The Tung-lin Academy and Its Political and Philosophical Significance", Monumenta Serica XIV, 1955, pp.1～163.

〔註6〕劉志琴，〈論東林黨的滅亡〉，《中國史研究》，1979年3期，頁115。

〔註7〕吳觀文，〈論明代黨爭的特點〉，《船山學報》，1987年第1期，頁111。

〔註8〕鄭克晟，《明代政爭探源》（天津：天津古籍出版社，1988年12月）。

〔註9〕鄭培凱，〈湯顯祖與晚明政治〉（上、中、下），《九州學刊》，1卷3期，1987年3月，頁23～44；1卷4期，1987年6月，頁1～24；2卷2期，1988年1月，頁31～36。

〔註10〕鄭培凱，〈湯顯祖與晚明政治〉（中），頁3～4。

與內閣能放在『職掌』的同一水平，以爲內閣不應干涉吏部人事權尋求法理的根據。」〔註11〕

　　除了閣部官員之間的衝突外，輿論與監察的執行者——言官，亦是政爭的重要一環。小野和子在〈東林黨考〉一文指出，張居正的考成法被廢之後，言論大開，尤其「國本」之爭起，使神宗灰欲封殺言官的批評，將許多奏疏「留中」，但在有心人士的收錄下，編輯成《萬曆邸鈔》、《萬曆疏鈔》，成爲一種政治宣傳書，將言論變成力量，廣泛呼籲朝野之士結合，以求達到「朋黨」的目的。〔註12〕侯明〈明末言官集團分化的原因〉認爲「國本」之爭激化了言官集團與內閣的矛盾，雙方反目之後，言官對朝政的影響頓然削弱，於是出現了一些言官依附於不同派別，並在朝廷上互相攻訐的情形。〔註13〕吳觀文提及魏忠賢從其擅權的經驗中充分意識到監察官員在黨爭的作用，因此他在排除大批東林黨監察官員後，又使其黨羽控制這個重要部門，故後來崇禎帝鏟除魏閹，發現監察官員佔閹黨的百分之四十六，可見明代監察制度到這時也已敗壞得不可收拾。〔註14〕

　　至於這些官員樹立派系爭權，除了閣部衝突與言官的相互攻訐外，尚有其他因素。何平立的〈明代內閣與朋黨關係略論〉指出朋黨是中國封建腐朽官僚制度的必然產物，因爲「一個仕途孤立無援的官吏，是難以在錯綜複雜的政治鬥爭中，長久保持權位的。所以拉幫結黨、攀附援引、組成共同利益的集團，不僅是飛黃騰達的政治前提，而且是安身立命的基本保障，因此這些因素又構成了朋黨的階級與社會基礎。明代內閣、宦官和六部群臣之間的利害關係與矛盾衝突，即有力闡明了這些由封建政治制度產生的必然現象。」〔註15〕但林麗月認爲對絕大多數的東林黨士大夫來說，政治上的共識與儒家教育下的共同理念才是促成其被視爲同黨更根本的因素，地域、科舉、個人

〔註11〕林麗月，〈閣部衝突與萬曆朝的黨爭〉，《國立臺灣師範大學歷史學報》（以下簡稱《師大歷史學報》），第 10 期，1986 年 6 月，頁 136。

〔註12〕小野和子，〈東林黨考〉，《日本學者研究中國史論著選譯‧第六卷　明清》（北京：中華書局，1993 年），頁 299。另可參見氏著，〈東林の形成過程〉，《明季党社考——東林党と復社》，頁 223。

〔註13〕侯明，〈明末言官集團分化的原因〉，《社會科學輯刊》，1991 年第 4 期，頁 81。

〔註14〕吳觀文，前揭文，頁 115。

〔註15〕何平立，〈明代內閣與朋黨關係略論〉，《上海大學學報》，1986 年 3～4 期。頁 78～79。

關係只能說是影響當時士大夫結合的次要因素。〔註16〕

　　晚明黨爭焦點，以「三案」、礦監稅使擾民最受爭議。所謂「三案」即指挺擊、紅丸、移宮。〔註17〕有關這方面的論述，以溫功義的《明末三案》〔註18〕最具代表性，書中對晚明宮廷中的權力鬥爭、人性私慾有生動描述，並認為三案與神宗寵愛鄭貴妃及遲遲不立皇儲，有很大的關係。但苗棣的《魏忠賢專權研究》〔註19〕，並不像一般學者站在同情東林黨人的立場看三案，因此觀點有所不同，其部分推論甚至與《三朝要典》〔註20〕的立場相仿。

　　而礦監稅使擾民源於神宗的貪財好貨，百姓苦不堪言，造成各地民變迭起，故亦為朝臣官爭議焦點，屢請罷除礦稅，並對民變多表同情。大陸學者慣稱「民變」為「市民運動」，與傳統史家有不同的詮釋，林麗月歸納大陸學者相關論著〔註21〕的主要論點有二：一、明末處於所謂「資本主義萌芽」時期，故有所謂「市民階級」興起。二、東林黨屬於社會的「中等階級」，來自中小地主與商人家庭，與城市工商業者的利益接近或一致，因此同情明末「市民階級」的民變。但林氏指出所謂的反礦稅「市民運動」，並不限於商品經濟比較發達的江南地區。且罷除礦監稅使，是萬曆年間大多數士大夫自發的、共同要求的，並不限於東林黨人。因此同情與支持晚明的「市民運動」，既不能作為斷定明末不同朋黨的「階級基礎」之指標，也不能顯示東林黨代表何種「經濟利益」。〔註22〕

〔註16〕林麗月，〈東林運動與晚明經濟〉，頁573。

〔註17〕有關三案的經過，參見本文第四章、第五章。

〔註18〕溫功義，《明末三案》（台北：谷風出版社，1986年9月）。

〔註19〕苗棣，《魏忠賢專權研究》（北京：中國社會科學出版社，1994年12月）。

〔註20〕天啟年間，魏忠賢為了誅除朝中東林黨人，對三案大作翻案文章，編輯成《三朝要典》。

〔註21〕如：劉炎，〈明末城市經濟發展下的初期市民運動〉，《中國資本主義萌芽問題討論集》（北京：三聯書店，1957年），頁401～435。：左雲鵬、劉重日，〈明代東林黨爭的社會背景及其與市民運動的關係〉，《中國資本主義萌芽問題討論集續篇》（台北：谷風出版社，1987年），頁296～316、李洵〈試論東林黨人的形成〉，《歷史教學》，1955年10月號，頁21～24。：許大齡，〈試論晚明後期的東林黨人〉，《明清史國際學術討論會論文集》（天津人民出版社，1982年），頁126～157；劉志琴，〈試論萬曆民變〉，《明清史國際學術討論會論文集》（天津：天津人民出版社，1982年），頁678～697；洪煥椿，〈東林學派與江南經濟〉（上）、（下），《九州學刊》，1987年3月，頁45～60；1987年6月，頁25～34。

〔註22〕林麗月，〈東林運動與晚明經濟〉，頁568、584。

除了這些爭議外，遼東戰局亦與黨爭有關聯，王天有〈略論明萬曆、天啓年間的黨爭對遼東戰局的影響〉則從明、後金之間的戰役去分析，他認為薩爾滸之役、瀋陽、遼陽的失守，浙黨、閹黨要負很大的責任；也為收拾遼東局面有功的東林黨人熊廷弼被殺、孫承宗被黜的下場感到惋惜，但也由於東林黨人與閹黨的鬥爭，延緩了後金佔領整個遼東。〔註 23〕此外，鄭克晟認為京東的水利、兼併土地、加賦、耶穌會來華等問題，〔註 24〕也是黨議的爭論焦點。

長期黨爭的結果，是否是造成明亡的因素之一？郭英德〈明代文人結社說略〉辯稱：「明王朝的滅亡，關鍵在於朝廷政治的腐敗和社會矛盾的尖銳，與文人結社有何相干？相反地，文人結社反而激發了明末一班文人士大夫的文章氣節，在清兵南下、社稷傾覆之時，他們或抗爭或殉國，或隱居或高蹈，這應該是有目共睹的歷史事實。」〔註 25〕郭英德的說法似乎把結社文人的亡國政治責任，完全推卸殆盡。李焯然則持不同的看法，他深覺黨社文人「惟謹守門戶，壁壘分明，雖國勢危如累卵，外患紛至沓來，亦置而不顧，終以亂政，最後但求一死成仁，則於國何益？誤國之名，實在亦難辭其咎。」〔註 26〕由此觀之，黨爭對於明末混亂的政局，並無多大助益。

二、與東林黨爭相關的人物

晚明黨爭所牽涉到的人物相當多，近年對這方面的研究成果非常豐碩，其中以萬曆皇帝的論述最多，〔註 27〕如：黃仁宇的《萬曆十五年》、〔註 28〕曹國慶的《萬曆皇帝大傳》、〔註 29〕林金樹的《萬曆帝》、〔註 30〕何寶善的《萬

〔註 23〕見王天有，〈略論明萬曆、天啓年間的黨爭對遼東戰局的影響〉，《歷史教學》，1983 年 5 期，頁 11～15。或氏著《晚明東林黨議》，頁 69～81。
〔註 24〕鄭克晟，前揭書，頁 349～352。
〔註 25〕郭英德，〈明代文人結社說略〉，《北京師範大學學報》，1992 年第 4 期，頁 32。
〔註 26〕李焯然，〈論東林黨爭與晚明政治〉，《明清史集刊》，第 1 卷（香港：香港大學，1985 年），頁 73。
〔註 27〕相較於明神宗傳記的蓬勃，明光宗與明熹宗的傳記，撰寫者就很少，且都附屬在「明代帝王系列傳記」或「明帝列傳」之中，如：林金樹，《天啓皇帝大傳》（瀋陽：遼寧教育出版社，1993 年）；徐凱，《泰昌帝・天啓帝》（長春：吉林文史出版社，1996 年）。
〔註 28〕黃仁宇，《萬曆十五年》（台北：食貨出版社，1985 年）。
〔註 29〕曹國慶，《萬曆皇帝大傳》（瀋陽：遼寧教育出版社，1994 年 8 月）。
〔註 30〕林金樹，《萬曆帝》（長春：吉林文史出版社，1996 年 1 月）。

曆皇帝——朱翊鈞》、〔註31〕楊暘的《明神宗傳》、〔註32〕樊樹志的《萬曆傳》。
〔註33〕其中曹國慶、林金樹、何寶善的著作，皆出自不同版本的「明帝列傳」
套書。〔註34〕將萬曆皇帝一生的事蹟，廣泛描述，雖不乏佳作，〔註35〕但大
部份作品學術性意味較淡，歷史小說的筆觸較濃。這些書籍的作者，除了黃
仁宇是旅美華裔史家外，皆是大陸學者，這也反映近幾年大陸史學界熱中於
撰寫帝王傳記的趨勢。〔註36〕

　　《萬曆十五年》與一般的傳記寫法不同，作者透過幾位萬曆初期的重要
人物（如：萬曆皇帝、張居正、申時行、海瑞、戚繼光、李贄）反映當時的
政局，尤其是明神宗，黃仁宇採取比較同情的角度，對神宗日後的怠惰作為，
有所解釋。在期刊方面，樊樹志的〈帝王心理：明神宗的案例〉從心理分析
的觀點，探討萬曆皇帝的行徑。〔註37〕此外，韓道誠也發表不少有關明神宗
的文章，〔註38〕但多屬通論性。

　　至於晚明政爭中的輔臣，王莉華曾以王錫爵的官場起伏為核心，撰寫〈明
代王錫爵研究〉，反映萬曆十年（1582）至二十二（1594）年間政局的演變，
並說明錫爵與東林人士不同的觀點。她認為「東林人格固然直坦無私，但他
們過於理想化，昧於實際，不能循著一個漸進合理的方式去改革政治，這點
是注重現實的王錫爵所不能認同的，事實也證明東林的方法是行不通的，明

〔註31〕何寶善，《萬曆皇帝——朱翊鈞》（北京：北京燕山出版社，1990年）。

〔註32〕楊暘，《明神宗傳》（台北：祺齡出版社，1995年1月）。

〔註33〕樊樹志，《萬曆傳》（台北：臺灣商務印書館，1996年10月）。

〔註34〕目前明帝列傳的套書，主要有遼寧出版社及吉林文史出版社，性質最為雷同。
　　　兼顧歷史與小說的筆法，但由於每一皇帝的撰述者不一樣，因此各書的品質
　　　參差不齊。

〔註35〕商傳曾對樊樹志的《萬曆傳》給予讚許，認為這是從研究所論文基礎上完成
　　　的著作，具有相當研究深度。見氏著，〈近年來明史研究管見〉，《中國史研究
　　　動態》，1997年第4期，頁3。

〔註36〕有關萬曆皇帝的作品，除了傳記類書籍外，另外報導文學體裁的著作，最近
　　　頗受歡迎，如：岳南、楊仕，《風雪定陵》（台北：遠流出版事業股份有限公
　　　司，1996年4月）。從定陵，挖掘的過程，追溯萬曆宮廷的鬥爭，並述及挖掘
　　　工作者因為政治風暴，陰錯陽差的和歷史糾纏在一起的過程。

〔註37〕樊樹志，〈帝王心理：明神宗的案例〉，《學術月刊》，1995年第1期，45～
　　　47。

〔註38〕如：〈明神宗的變態行為——魏忠賢傳中之一章〉，《反攻》，第443/444期，1984
　　　年12月。〈萬曆時代的宮庭生活——魏忠賢傳中之一章〉，《書目季刊》，20
　　　卷1期，1986年6月。

末的國運如何，可以知矣！」〔註39〕此一評論是否允當，似可商榷，或許王錫爵眞的注重現實，但東林人士未必全都「昧於實際」。

　　除了王錫爵的研究，有關葉向高的討論也不少，〔註40〕因爲葉氏在萬曆、天啓兩朝擔任首輔，且葉在歷史評價不一，如劉志琴認爲首輔葉向高對魏忠賢不僅沒有提防，反而採取「籠絡群奄（閹）」的政策，姑息養奸。〔註41〕但是范兆琪在〈明代正直的名相——葉向高〉，談到向高「多次上疏反對礦監、稅監，與閹黨不斷進行抗爭。在朝時對東林黨曾給予很大的支持，不愧爲東林黨的一位眞誠朋友，這些都符合人民的利益，因此他不但得到正直官員的信賴，而且長期得到人民的尊敬。」〔註42〕劉志琴對葉過於貶抑，范兆琪則又過於褒獎。

　　大體上，學者對葉向高的婉轉調劑、中間色彩多給予肯定，如：林麗月認爲葉向高最能了解剷除魏璫之不易，也最委屈求全，在宦權高張之際，他調合內外、籠絡群奄的智術，卻是使東林黨勢力維持不墜的一大因素，因此葉向高當國時期的婉轉調劑具有其正面之作用。〔註43〕何孝榮〈葉向高與明末政局〉肯定向高的「調護」作用，使政治得到一定程度的清明，延緩明王朝迅速滅亡的趨勢。〔註44〕冷東《葉向高與明末政壇》，指出像葉向高這類「中間色彩」人物，不如東林派那樣嫉惡如仇，也不混跡於「小人」、「閹黨」之列，當舉朝兩極分化，進行政爭時，像葉向高一類的「中間人物」更爲少見，其作用也更爲重要。但冷東也指出像葉向高「這一類具有『中間色彩』的人物只能在和平的環境發揮作用，卻不能爲天啓朝政局所理解和接受，無法得到兩派的認同，反而受到兩派的夾擊，最後只能掛冠而去，在歷史上扮演悲

〔註39〕王莉華，〈明代王錫爵研究〉，中國文化大學史學研究所碩士論文，1983 年 6 月，頁 334。

〔註40〕《福建文史》，1996 年第 6 期，有一系列與葉向高相關的作品，如：劉惠孫、蕭獻明，〈明神宗初政與後期的政治癱瘓和葉向高輔政〉；唐文基、周英玉，〈葉向高和明末政局〉；鄭壽岩，〈葉向高與遼東經撫事情〉；顏章炮，〈略論葉向高對明末弊政的匡救〉；陳遵沂，〈論葉向高〉；俞達珠，〈葉向高年表〉。唯筆者尚尋獲此期刊，因此難以介紹。

〔註41〕劉志琴，〈論東林黨的滅亡〉，頁 125。

〔註42〕范兆琪，〈明代正直的名相——葉向高〉，《史學月刊》，1988 年第 4 期，頁 93。

〔註43〕林麗月，〈「擊內」抑或「調和」？——試論東林領袖的制宦策略〉，《國立臺灣師範大學歷史學報》第 14 期，1986 年，頁 45～49。

〔註44〕何孝榮，〈葉向高與明末政局〉，《福建論壇》，1994 年第 3 期，頁 62～66。

劇角色。」〔註45〕

　　有關東林黨人的研究，李三才頗受矚目，如小野和子的〈東林党と李三才〉、〔註46〕林麗月的〈李三才與東林黨〉。〔註47〕小野和子從李三才對礦稅之禍、君主論的觀點，分析當時的黨爭情形。林麗月即以李三才與東林黨之關係為核心，探討李三才被參對萬曆政爭之影響，並由顧憲成與他的交往，分析東林黨之結合形態，及論述「淮撫累東林」的說法，剖析德行問題在此時黨爭中的地位。此外，周宗泉在〈李三才與東林黨之關係新論〉提出「東林利用李三才」說、「東林累李」說等不同觀點。〔註48〕

　　而以反抗魏忠賢著名的士大夫——周順昌，因遭閹黨逮捕時，引起蘇州百姓救援的行動，亦成為學者注意之課題。王毅在〈周順昌和東林黨——讀李玉《清忠譜》札記〉〔註49〕即根據《清忠譜》劇本中周順昌受到人民的愛戴與擁護的情況，反映出東林黨人與群眾的關係。雖然《清忠譜》戲中的周順昌只能呈現歷史上的周順昌的部份精神，但作者適時補充周順昌反稅監高寀、評點楊漣〈劾魏忠賢疏〉、拒絕請託、為周起元送行、拒迎太監李實，使周順昌的形象、事蹟更為清晰。另外，巫仁恕的〈明末的戲劇與城市民變〉〔註50〕對周順昌在《清忠譜》的角色，亦有著墨，由此可見民變之一斑。此外，趙承中的〈周順昌受逮前傳書高攀龍事考〉屬考證性質的文章，推測高攀龍在自殺之前，是否接到周順昌的信函，以證明當時周順昌受逮前尚是自由之身。〔註51〕

　　反對閹黨的東林士大夫甚多，因此也有學者以區域性人物做研究，如：張顯清的〈明末北直清流派的構成及其反閹鬥爭〉標榜從文化史的角度觀察，指出北直是與南直遙相呼應的另一個士大夫清流派的重要活動地區，其重點

〔註45〕冷東，《葉向高與明末政壇》（汕頭：汕頭大學出版社，1996年1月），頁195。
〔註46〕小野和子對李三才最早發表的文章為〈東林党考（一）——淮撫李三才をめぐって〉，《東方學報》52冊（日本：京都大學人文科學研究所，1980年3月），頁563～594。後經修改為〈東林党と李三才〉，收入氏著，《明季党社考——東林党と復社》，頁283～333。
〔註47〕林麗月，〈李三才與東林黨〉，《師大歷史學報》，第9期，1981年6月。
〔註48〕周宗泉，〈李三才與東林黨之關係新論〉，《史苑》，51期，1990年12月。
〔註49〕王毅，〈周順昌和東林黨——讀李玉《清忠譜》札記〉，《武漢師範學院學報》（哲學社會科學版），1983年1期，頁39～46。
〔註50〕巫仁恕，〈明末的戲劇與城市民變〉，《九州學刊》，6卷3期，1994年12月，頁86～88。
〔註51〕趙承中，〈周順昌受逮前傳書高攀龍事考〉，《中國史研究》，1983年第4期。

在天啓年間北直籍仕紳的政治態度。〔註52〕田培棟在〈明後期山陝東林黨人的反腐朽鬥爭〉強調山陝東林黨人跟山陝商人有著千絲萬縷的聯繫，〔註53〕不過，這些論述，有關「逆臣」的部分皆略而不提，是一大缺失。另外，有些官員的籍貫後來有所變動，因而有「雙重籍貫」的例子出現，例如張顯清文中，談到李三才原是順天府通州人，是爲北直隸人；田培棟則認爲李三才應是陝西臨潼人，只是後來跟隨祖父遷到通州去的。這些作者的目的，凸顯本區地靈人傑，反而削弱了學術討論的價值。

至於東林黨人與宦官的關係，林麗月指出萬曆年間東林人士對宦官破壞官僚體系的批評甚少，可能是萬曆閣部相爭期間，宦官尚未直接侵奪吏部的人事權，所以內侍未爲吏部清流引爲抨擊之重心。〔註54〕但進入天啓朝，宦官干政，引起另一波黨爭。其中魏忠賢的擅權，最爲人所痛恨，對於這方面的研究，包括：紀云的〈惡貫滿盈的魏忠賢〉〔註55〕、王世華的〈論魏忠賢專權〉〔註56〕滕秋耘的〈魏忠賢專權探源〉〔註57〕，主要敘述魏忠賢擅權誤國的事蹟，由此透露宦官制度爲集權政治下的特殊產物。唯這幾篇論述並未深入。

近幾年，臺灣寒爵（韓道誠）的《明末大太監魏忠賢》〔註58〕與大陸苗棣的《魏忠賢專權研究》〔註59〕算是研究魏忠賢的兩大專書。大體上，兩書重點都擺在魏忠賢與客氏的關係、陷害忠良、重議三案這幾方面。不過撰寫的筆法有所不同，寒爵著重於考證，如對魏忠賢的身世及其年齡之謎，根據多種資料考證，但他運用原始史料並不多，且較少自己的見解；苗棣比較能提出不同的觀點，對魏忠賢並不持完全否定的態度。

三、東林的思想

有關東林學派的思想，國外學者的研究，不乏佳作。〔註60〕至於台灣、

〔註52〕張顯清，前引文，頁145。
〔註53〕田培棟，〈明後期山陝東林黨人的反腐朽鬥爭〉，《北京師範大學學報》，1991年第3期，頁65。
〔註54〕林麗月，〈閣部衝突與萬曆朝的黨爭〉，頁136。
〔註55〕紀云，〈惡貫滿盈的魏忠賢〉，《人物》，1980年4期，頁182～187。
〔註56〕王世華，〈論魏忠賢專權〉，《安徽師大學報》，1980年4期，頁73～79。
〔註57〕滕秋耘，〈魏忠賢專權探源〉，《文史知識》，1985年12期，頁112～114。
〔註58〕寒爵，《明末太監魏忠賢》（台北：黎明文化事業股份有限公司，1995年10月）。
〔註59〕苗棣，《魏忠賢專權研究》（北京：中國社會科學出版社，1994年12月）。
〔註60〕包括 Heinrich busch（卜許），"The Tung-lin Academy and Its Political and

大陸對東林思想的研究，成果斐然。〔註 61〕而東林書院乃東林學派的發源地，書院前的一副對聯「風聲、雨聲、讀書聲，聲聲入耳；家事、國事、天下事，事事關心」，常被人們聯想起東林書院或東林黨，但最近大陸學人趙承中考證，發現這副木質抱對，不是東林書院遺物，撰者也不是顧憲成。〔註62〕但不可否認的，這幾句話凸顯東林學風和政治抱負。林麗月的〈明末東林派的幾個政治觀念〉分析其重要思想，如：君主論、士人論與君子論、國是論與國法論，也由於東林重視「救世」，所以他們的政治觀念大抵從關心「世道」、「世教」出發，最後落實於對庶民福祉的關懷之上，〔註63〕可謂「事事關心」。

葛榮晉在〈東林學派與晚明朱學的復興〉〔註 64〕一文中，認為東林學派為晚明朱學復興的代表，具有以天下為己任的「救世」精神，主張「性即理」，反對「心即理」；主張「以性善為宗」，反對「以無善無惡為宗」；提倡工夫論，反對「當下現成良知說」，也就是說放棄王學末流「盛談玄虛」，轉向「治國平天下」的「有用之學」。

曾光正的〈東林學派的性善論與工夫論〉，即以工夫論為核心，觀察東林學派如何將性善論與人性論、理氣論、心性論結合。並對孫慎行、劉宗周如何將性善論與義理氣質只有一性之說結合，具有深入探討。而孫中曾則進一步對劉宗周加以研究，透過他的的經世思想、道德實踐、道德命題，反映東林運動的自省思潮。〔註65〕

Philosophical Significance"。小野和子，〈東林派とその政治思想〉、溝口雄三，〈いわゆる東林派人士の思想——前近代期における中國思想の展開（上）〉。其中溝口雄三的作品，已有漢譯本：〈所謂「東林派人士」的思想——中國思想在「前近代期」的展開（上）〉，《中國前近代思想的演變》（台北：國立編譯館，1994 年 12 月），頁 167～322。

〔註61〕有關近人研究東林學術思想的成果回顧，可參見曾光正，〈東林學派的性善論與工夫論〉，國立清華大學歷史研究所碩士論文，1989 年，頁 1～7。

〔註62〕趙承中，〈「風聲、雨聲、讀書聲，聲聲入耳；家事、國事、天下事，事事關心」——關於原存東林書院舊址的一副抱對的來歷、作者和傳世年代問題〉，《書目季刊》，29 卷 3 期，1995 年，頁 63～66。

〔註63〕林麗月，〈明末東林派的幾個政治觀念〉，《師大歷史學報》，第 11 期，1983年。頁 36。

〔註64〕葛榮晉，〈東林學派和晚明朱學的復興〉，《書目季刊》，22 卷 4 期，1989 年 3月，頁 41～52。

〔註65〕孫中曾，〈劉宗周的道德世界——從經世、道德命題到道德內省的實踐歷程〉，國立清華大學歷史研究所碩士論文，1991 年。

　　古清美〈東林講學與節義之風〉，〔註66〕深覺東林學風，喚起學者一份以世道家國之興衰爲己任的氣魄與精神，這種精神，在從閹禍到明亡這段過程中，鼓舞無數士人君子爲忠孝大節而成仁取義，成就許多壯烈史蹟。另外，她的〈黃梨洲東林學案與顧涇陽、高景逸原著之比較〉、〔註67〕〈清初經世之學與東林學派的關係〉，〔註68〕則從黃宗羲、顧炎武的思想淵源探討其與東林學派的關係。

　　步近智〈明末東林學派的思想特徵〉〔註69〕針對明末東林學派的各種思想的特徵作全面的研究。他認爲東林黨提出了帶有民主思想萌芽色彩的口號、抨擊科舉弊端，提倡不分等級貴賤破格用人、反對礦監稅使的掠奪，給予肯定。另外，他在〈東林學派與明清之際的實學思潮〉一文中，指出東林學派開啓晚明實學思潮之端緒，並由此將實學思潮推向明清之際的鼎盛階段。文中除了介紹東林的實學精神、思想，還介紹實學思潮高漲的影響，如對自然科學、文學藝術的影響，其中提到：「最爲突出的是民間文學和通俗文學的空前發展，產生了膾炙人口的長篇小說《西遊記》。」〔註70〕不過，吳承恩是嘉靖時人，比東林學派的時代早，故此論點有待商榷。

　　在經濟思想方面，林麗月強調東林的惠商薄徵、工商皆本思想，主要由明代中葉以後商品經濟之發達所孕育，一方面反映了晚明經濟發展與思想變遷之關係，另一方面充實了東林經世思想的內涵。〔註71〕同樣的洪煥椿也認爲東林學派的經濟思想，主要由於新興工商業者的要求，對發展工商業提出新的理論和主張。〔註72〕

　　但是東林學派的思想也有它的侷限性，林麗月提出東林派的君主論擺脫不了傳統尊君觀念的看法，東林面對「道」「勢」衝突的困境時，由於受到傳統『君臣之義』的限制，東林的對策仍然大都是消極的、抗議性的，因此「從明

〔註66〕古清美，〈東林講學與節義之風〉，《孔孟月刊》，22 卷 3 期，1983 年，頁 47～51。

〔註67〕古清美，〈黃梨洲東林學案與顧涇陽、高景逸原著之比較〉，《孔孟月刊》，23 卷 3 期，1984 年，頁 47～50。

〔註68〕古清美，〈清初經世之學與東林學派的關係〉，《孔孟月刊》，24 卷 3 期，1985 年，頁 44。

〔註69〕步近智，〈明末東林學派的思想特徵〉，《文史哲》，1985 年第 5 期。

〔註70〕步近智，〈東林學派與明清之際的實學思潮〉，《浙江學刊》1991 年第 4 期，頁 79。

〔註71〕林麗月，〈東林運動與晚明經濟〉，頁 585。

〔註72〕洪煥椿，〈東林學派與江南經濟〉（上），頁 55。

末政治來看，由於君主的不御朝講、不省章奏，東林派所作的努力對君主能發揮多大的誘導或約束的作用，實在值得懷疑。」〔註 73〕而周學軍〈東林黨人的作爲：政治與經濟的背離〉就覺得東林黨人在政治上和經濟上是背道而馳的，政治上的凝固停滯決定了其經濟思想最終不能突破封建的性質。〔註 74〕方爾加亦採類似觀點，他在〈試論顧憲成的理學思想〉一文中指出，顧憲成一方面反對腐惡勢力，另一方面又恪守封建倫理道德，這種思想政治上的矛盾，使他最終未能突破舊理學思想的侷限，並導致東林黨的歷史悲劇。正說明企圖用維護封建綱常名教的理學作爲救世的思想理論，是行不通的。〔註 75〕從這幾位學者的看法，我們可以確定東林派的思想無法擺脫傳統的尊君思想，又想維護綱常名教，終致政治理想遭受阻礙無法落實。

綜觀上述有關晚明政爭的研究，發現近二十年學者所探討的重點，仍以政治、人物、思想三方面居多，欠缺從性別的角度探討。或許傳統父系社會中，女性一直附屬於男性的「第二性」角色，〔註 76〕特別是政治舞台上，更不容女性介入。唯實際上，在傳統中國的政治中，宮闈女性因緣際會涉入政治領域裡的例子頗多，甚至常有「女主政治」的現象產生，〔註 77〕，例如：西漢的呂后、東漢的竇太后、鄧太后、西晉的賈后、北魏的馮太后、唐朝的武則天、韋后，乃至清朝的慈禧，都是著名的女主，也是學者最關心的焦點，其中又以武則天的討論最多，而明代的宮闈婦女的研究極少，〔註 78〕卻也表示還有很大的空間值得去研究。〔註 79〕尤其近年來婦女研究蓬勃發展，提供

〔註 73〕 林麗月，〈明末東林派的幾個政治觀念〉，頁 36。
〔註 74〕 周學軍，〈東林黨人的作爲：政治與經濟的背離〉，《江漢論壇》，1988 年第 11 期，頁 70。
〔註 75〕 方爾加，〈試論顧憲成的理學思想〉，《中國社會科學院研究生學報》，1989 年第 6 期，頁 60。
〔註 76〕 參見西蒙波娃（Simon de Beauvoir）著，歐陽子等譯，《第二性》（台北：晨鐘出版社，1972 年），頁 31。
〔註 77〕 根據杜芳琴的研究，傳統中國君主的母、妻（妾）、女中以某種方式直接或間接參與或干預政治，並對政治發生影響的人，將近七十人，統治約六百年之久。見氏著，〈中國歷代女主與女主政治論〉，《中國婦女史論集 四集》（台北：稻鄉出版社，1995 年），頁 36～37。
〔註 78〕 衣若蘭認爲明代宮闈婦女一直不被重視，尤其是台灣學界。見氏著，〈近十年兩岸明代婦女史研究（1986～1996）〉，《國立臺灣師範大學歷史學報》，第 25 期，1997 年 6 月，頁 10。
〔註 79〕 目前只有 Ellen Soulliere 的博士論文〈明代的宮廷婦女〉，對明代宮闈女性的研究較有成果。唯該文前半段以討論明宮廷的婦教文獻爲主，最後一章才論

一個有別於傳統男性的看法，並進一步尋找出性別偏差的理由。〔註80〕從這一觀念出發，我們重新檢視晚明的政爭，包括「國本」之爭、「三案」、魏忠賢亂政，便發現當時的宮闈女性實有不可忽略的角色，因此本文想從晚明政局中，探討幾個宮闈女性與政爭的關係。爲何她們會成爲政爭中的爭議人物？除了因爲當時政爭激烈外，是否也透露當時君臣或官僚之間的動機及若干思想等訊息。是故晚明政爭中的宮闈女性，不論就政治史、婦女史或思想史，都是一個亟待開發的研究領域。

　　本文所採用的史料，基本上以明末清初時期的官書爲依據，包括：《萬曆起居注》、《明神宗實錄》、《明光宗實錄》、《明熹宗實錄》、《三朝要典》、《明史》；惟晚明官修的史書，有一部分遺漏或舛誤，運用時特別需加以判別。而當時的邸報、疏鈔多少可以彌補這項缺失，如：《萬曆邸鈔》、《萬曆疏鈔》、《兩朝從信錄》，參考價值頗高。而士大夫的文集，也是不容忽視的史料，如：申時行的《召對錄》、沈一貫《敬事草略》、葉向高的《蘧編》、《綸扉奏草》、楊漣的《楊大洪先生文集》、左光斗的《左忠毅公文集》、⋯⋯等。而《酌中志》、《玉鏡新譚》則是研究晚明宮闈動亂的重要史料。至於明末清初的筆說、小說文集更是值得去利用，反映當時民間的看法，值得爬梳利用。

　　本文研究的宮闈女性主要以鄭貴妃、李選侍、客氏爲主，她們分別對萬曆、泰昌、天啓朝的政爭，有相當程度的影響，故爲本研究人物之重心。至於其他的后妃，如：李太后、王皇后等人，也將適時加以類比補充，儘量呈現宮闈女性在政治上所扮演的角色。

　　本文除了緒論與結論外，共分五章，全篇的主要架構如下：第一章主要探討傳統中國政治中的性別差異，從對「牝雞司晨」一詞的質疑，探討傳統中國「女禍」思想產生的原因，並透過歷史上的「女禍」，及後世對「女主政治」的負面評價，以論述「女禍」思想爲何能夠深植人心。其次，介紹明朝防範「后妃干政」的措施，以瞭解明代爲何能「宮壼肅清」。第二章與第三章

　　述明代宮廷中有權力的婦人，該章內文比較通論性，仍有很多地方值得探究。見 Ellen Felicia Soulliere, "Palace Women in the Ming Dynasty: 1368～1644（Ph. D. dissertation, Princeton University, 1987）。另外有關此書的評介，可參見羅溥洛（Paul Ropp）著：梁其姿譯，〈明清婦女研究：評介最近有關之英文著作〉，《新史學》，2 卷 4 期，1991 年 12 月，頁 86～87。

〔註80〕　王雅各認爲：「婦女研究所試圖達到的目標是提供一個有別於在傳統上用男性爲主對世界看法的替代性選擇。」見氏著，〈婦女研究對社會學的影響〉，《近代中國婦女史研究》，第 4 期，頁 201。

探討鄭貴妃與「國本」之爭及餘波的關係，由於鄭貴妃受寵時間甚長，因此在萬曆朝的一些宮闈案件，都與她多少與她有關，因此以兩章探究其對政治的影響。第四章則論李選侍與泰昌政局的關係，雖然她在政壇的時間甚短，但這段時間，她被東林黨人指為有「垂簾聽政」的野心，後來她遠離政治反而受到同情，反映她對政爭的微妙影響。第五章主要論述客氏，從客氏與熹宗「情同母子」的關係以及客、魏擅政的情形，探討東林黨人對客氏的批判，以及未能成功的原因。

　　需要說明的是，宮闈的活動原本就不容易窺知，因此若要完整呈現鄭貴妃等人面對政爭的反應，是不易做到的。本文僅能藉著君臣之間的對話，官員奏疏的陳述，側面反映她們與政爭的關係，期待日後發掘更豐富的史料，再作進一步的詮釋。

第一章　牝雞司晨？——傳統中國政治的性別差異

　　傳統中國政治，一向由男性主導，一旦有女性攝政，就會譏之為「牝雞司晨」，視之為「女禍」。本章試從國史上有關女主攝政所引起的「女禍」情形，略窺歷代史家的「女禍」思想，由此觀察明朝后妃與政治的關係，並探討明朝對「后妃干政」的防範措施。

第一節　傳統中國的「女禍」思想

一、歷代對后妃的評論

　　傳統中國的「女禍」思想由來已久，尤其對於婦人干政，甚為忌諱，因此古來即有許多相關言論。現存最早的「女禍」思想的記載，可能出自周武王討商紂的誓辭：「牝雞無晨，牝雞之晨，惟家之索。」〔註1〕意為：報曉是雄雞的事，如果改由母雞報曉，就會家道蕭索，骨肉離散。同樣的，政治是男性的責任，一旦女性過問，則國家將有大難。而紂王就因聽信婦人之言，使得奸邪滿朝，忠良誅逐，所以武王藉此加以抨擊。

　　有關「女禍」思想的言論，在整個周朝，愈到後期出現愈多，如：「哲夫成城，哲婦傾城」、〔註2〕「唯女子與小人為難養也。近之則不孫，遠之則怨。」

〔註1〕《尚書正義》（台北：藝文印書館，重刊宋本十三經注疏，1955年），卷11，〈周書・牧誓〉，頁16b。
〔註2〕《毛詩正義》（台北：藝文印書館，重刊宋本十三經注疏，1960年），卷18，

〔註3〕「毋使婦人與國事」、〔註4〕「聽主母之令，女子用國，……可亡也。」〔註5〕等等。〔註6〕會有這樣的思想出現，可能與整個農業結構，父系社會和宗法精神等有密切關係。〔註7〕另外，因先秦時代的一些戰亂事件，直接或間接與婦人有關，再加上後世的渲染，女性成為亡國的禍水。例如夏傾於妹喜、商毀於妲己、西周滅於褒姒、春秋晉國亂於驪姬。

到了漢代，由於陰陽五行之術流行，除了重尊卑、別男女，並將各種自然災異都歸咎於婦人，更加強「女禍」的觀念。但這也反映出漢朝宮闈婦人對政治有很深的影響。如：呂后、趙飛燕姊妹、王太后（元后）與東漢各臨朝太后；此外，皇帝的乳母（如：王聖、宋娥、趙嬈）也被指稱干預政事。因此士人為了剔除她們在政治上的影響力，透過「女禍」與自然異象的結合，表達對婦人干政的不滿。〔註8〕而漢代以後，歷代仍有不少宮闈女性，被指為「女禍」，如：引發「八王之亂」的西晉賈后、導致「六鎮叛變」的北魏胡太后、篡唐稱帝的武則天、弒君的韋后、造成「安史之亂」的楊貴妃，乃至晚清的慈禧太后等。

值得注意的是，這些女性之所以被賦予負面的形象，與「女禍」思想有很大的關係。這樣的觀念能在中國社會不斷發展，根本問題就在於君主專制政體。傳統的政治中，皇帝是一切政治權力的根源，然而一旦皇帝生重病或駕崩，嗣君尚在稚齡，勢必要有暫時代理政務的人攝政。而太后攝政乃是帝位繼承無法有效銜接時的過渡性政策。〔註9〕太后可恃其新帝之母的優勢地

〈大雅·瞻卬〉，頁 8b。

〔註3〕《論語注疏》（台北：藝文印書館，重刊宋本十三經注疏，1960 年），卷 17，〈陽貨〉，頁 11b。

〔註4〕《春秋穀梁傳注疏》（台北：藝文印書館，重刊宋本十三經注疏，1960 年），卷 8，〈僖公九年〉，頁 6a。

〔註5〕《韓非子》（台北：中華書局，四庫備要，子部，1965 年），卷 5，〈亡徵〉，頁 3a。

〔註6〕有關周代反對婦女問政的言論，詳參：劉詠聰，〈先秦時期禁止女性從政的言論〉，《女性與歷史——中國傳統觀念新探》（台北：臺灣商務印書館，1995 年），頁 61～69。

〔註7〕同前註，頁 61。

〔註8〕有關漢代由女性引起的災異之說，參見劉詠聰，〈漢代以災異歸咎婦人的思想〉，前揭書，頁 13～26。

〔註9〕劉靜貞，〈范仲淹的政治理念與實際〉，《皇帝和他們的權力：北宋前期》（台北：稻鄉出版社，1996 年），頁 241。

位，實施合法的攝政。加上中國傳統文化重視「孝親」，尤其歷代的皇帝，標榜以孝治天下，使得母后地位尊崇，享有極高的「母權」，這樣的文化背景下，只要新君年幼，太后臨朝，就成為自然而然的事。

　　然而女主攝政，不僅違反君主專制的基本理念，而且傳統父系社會下的男尊女卑社會秩序，也因此遭受到挑戰，故十大夫起而討伐，以各種言論來防範「牝雞司晨」，並建立婦人與亡國的因果關係，塑造出一系列的「禍水」，尤其傳統史家的偏見與惰性，將一切複雜的史事變得簡單明白，凡女主專政，就是陰居陽位，朝綱不振，王室中衰，視為理所當然。「女禍」思想故不斷的被加強，滲入士人的慣性思維中。〔註10〕所以只要女性與國家的動亂有一絲關聯，即有被歸類為「女禍」的可能，這樣的「泛女禍」思想實已深植人心。

　　當我們審視史書對后妃的評論，便會發現國家的興衰與女性的關係，常被刻意強調。如：「三代以還，逮於漢、晉，何嘗不敗於嬌誣而興於聖淑。」〔註11〕而「嬌誣」之因，就在於「後世婦學不修，麗色以相高，巧言以相傾，衒能以市恩，逢迎以固寵。」〔註12〕進而左右君意，甚至干政而造成國家動亂。因此對於被視為「女禍」的后妃，就毫不留情批判。

　　像導致「八王之亂」的賈南風，《晉書》對她「扇禍稽天」的罪行，深惡痛絕，認為「褒后滅周，方之蓋小；妹妃傾夏，曾何足喻。」〔註13〕由此可知，賈后在史家的眼中，跟先秦的妹喜、褒姒比起來，有過之無不及，畢竟西晉的滅亡與她直接相關。

　　而要求更易皇儲的皇后，也難逃指責。例如隋初的獨孤皇后煽動隋文帝廢太子楊勇改立楊廣，而隋文帝「每事唯后言是用。」〔註14〕史家在感嘆之餘，不免又引「牝雞之晨，惟家之索。」形容獨孤皇后的「擅寵移嫡，傾覆宗社。」

〔註10〕有關歷代的「女禍」史觀，參見劉詠聰，〈中國古代的「女禍」史觀〉，前揭書，頁 3～12。

〔註11〕唐・李延壽，《北史》（台北：鼎文書局，1976 年），卷 14，〈后妃傳下・論〉，頁 537。

〔註12〕元・脫脫，《金史》（台北：鼎文書局，1976 年），卷 64，〈后妃傳下・贊〉，頁 1535。

〔註13〕唐・房玄齡，《晉書》（台北，鼎文書局，1975 年），卷 32，〈后妃傳下・史臣曰〉，頁 984。

〔註14〕唐・魏徵，《隋書》（台北：鼎文書局，1975 年），卷 36，〈后妃傳・文獻獨孤皇后〉，頁 1109。

〔註15〕清高宗更認爲：「隋之天下，亡於廣而實亡於獨孤。然隋文受制婦人，綱常不振，亦自亡而已。」〔註16〕爲隋文帝受制於獨孤氏感到惋惜。

至於母后攝政所衍生出來的「女禍」，以東漢最爲嚴重，且不斷惡性循環，終造成國家元氣大傷。范曄《後漢書》對東漢太后的批評說：「東京皇統屢絕，權歸女主，外立者四帝，臨朝者六后，莫不定策帷扆，委事父兄，貪孩童以久其政，抑明賢以專其威。任重道攸，利深禍速。」〔註17〕亦即認爲東漢太后欲攬專權，將國家重責大任，委託父兄，引起外戚干政，爲漢室帶來禍害。

不過，只要皇帝年幼，即有可能出現太后攝政的情形。某些太后除了未正式稱帝外，卻盡享中國帝王所應有的一切權力，〔註18〕只是等小皇帝長大成人後，代理的理由消失，太后就須還政於帝。但仍有太后戀棧不去，想盡辦法拖延，而武則天則索性取而代之。她以女性身分掌控父系社會的權力，備受攻擊，其中以駱賓王的〈討武氏檄〉〔註19〕最著名，文中指出：

> 偽周武氏者，人非溫順，地實寒微。昔充太宗下陳，曾以更衣入侍，泊乎晚節，穢亂春宮，密隱先帝之私，陰圖後房之嬖。入門見嫉，蛾眉不肯讓人；掩袂工讒，狐媚偏能惑主。踐元后於翬翟，致吾君於聚麀。加以虺蜴爲心，豺狼成性，近狎邪佞，殘害忠良。殺子屠兄，弒君鴆母。神人之所同嫉，天地之所不容。〔註20〕

這篇檄文以極盡批評的字眼，形容武則天。不過平心而論，武后能掌政長久，在於其「賞罰己出，不假借群臣，儆於上而治於下，故能終天年，阽亂而不亡。」〔註21〕也就是自操權柄，有心治理天下，所以儘管《舊唐書》指責武則天爲「姦人妒婦」，但仍有肯定之處：「然猶泛延讜議，時禮正人，初雖牝雞司晨，終能復子明辟……尊時憲而抑幸臣，聽忠言而誅酷吏。」〔註22〕

〔註15〕同前書，卷36，〈后妃傳・序〉，頁1113。

〔註16〕清高宗，《欽定古今儲貳金鑑》（台北：臺灣商務印書館，四庫全書珍本五集〔116〕，1974年），卷3，〈隋・廢太子勇〉，頁17a～17b。

〔註17〕劉宋・范曄，《後漢書》（台北：鼎文書局，1977），卷10，〈皇后紀上〉，頁401。

〔註18〕康樂，〈文明的崛起〉，《從西郊到南郊》（台北：稻鄉出版社，1995年），頁137。

〔註19〕此檄另有不同名稱，如：〈代李敬業討武氏檄〉、〈代李敬業檄〉、〈爲徐敬業以武后臨朝移諸郡縣檄〉。

〔註20〕唐・駱賓王，〈代李敬業檄〉，《駱賓王文集》（上海：上海古籍出版社，宋蜀刻本唐人集叢刊一，1994年），頁181～182。

〔註21〕宋・歐陽修、宋祁，《新唐書》（台北：鼎文書局，1976年），卷76，〈后妃傳上〉，頁3496。

〔註22〕後晉・劉昫，《舊唐書》（台北：鼎文書局，1976年），卷6，〈則天皇后本紀〉，

　　或許這正反映武則天因父系家族的繼承模式，造成傳位困難，只能做「一代女皇」，無法超越父系家族的藩籬，〔註23〕故政權最後仍交還兒子，卻也削減士人對她的批判，並且注意到她的政治能力。畢竟武則天跟其他「干政」的后妃比起來，政績卓著，很難只以「牝雞司晨」來評論她。

　　另外遼、元的后妃，不僅在政治上有成就，在軍事上也不讓鬚眉，以遼聖宗之母承天皇太后為例，明達治道、習知軍事。遼聖宗便稱：「遼盛，主后教訓為多。」〔註24〕或許這與北方少數民族勇武之風有關，且在北方，婦女擁有較高的地位，較易展現其文治武功的長才。〔註25〕

　　由此可知，文治武功卓越的女主，史家很難以「女禍」一概論之。所以就史論史，女主臨朝攝政，只是「皇權」的另一種表現方式，而非「女權」的代表。女主臨朝不一定不好，如果說有流弊，則是出在制度本身，非關乎女性身分。〔註26〕因此我們並不能籠統把臨朝的女主，都以「女禍」論之。

二、帝后的自覺

　　由於「女禍」思想的影響，具有警覺性的的君主與后妃，對這方面頗為注意，並採防範措施，其中比較具體的方法為殺嗣君生母、下詔禁止后妃干政及加強對外戚的約束。

　　殺嗣君生母之舉，首創於漢武帝，他在臨終之前因顧慮嗣君（昭帝）年幼，將來可能出現像呂后臨朝稱制之事，於是毅然決然的殺掉昭帝之母鉤弋夫人，〔註27〕以杜絕后妃干政。後來，北魏高祖拓跋珪亦仿漢武帝，臨終時下令賜幽皇后死，〔註28〕《魏書》對此評論稱：「鉤弋年稚子幼，漢武所以行

　　　　頁 133。

〔註23〕李貞德，〈超越父系家族的藩籬──台灣地區「中國婦女史研究」（1945～1995）〉，《新史學》，7 卷 2 期，1996 年 6 月，頁 153。

〔註24〕元・脫脫，《遼史》（台北：鼎文書局，1975 年），卷 71，〈后妃傳・景宗睿智皇后蕭氏〉，頁 1202。

〔註25〕楊聯陞，〈國史上的女主〉，《國史探微》（台北：聯經出版事業公司，1983 年），頁 108。

〔註26〕劉詠聰，〈史家對后妃主政的負面評價〉，《女性與歷史──中國傳統觀念新探》，頁 80。

〔註27〕參見漢・司馬遷，《史記》（台北：鼎文書局，1977 年），卷 49，〈外戚世家〉，頁 1986。

〔註28〕北齊・魏收，《魏書》（台北：鼎文書局，1975 年），卷 13，〈皇后傳・孝文幽皇后〉，頁 334～335。

權，魏世遂爲常制，子貴母死，矯枉之義不過哉！」〔註29〕雖然此法有效，
但因違背倫常，矯枉過正，頗受後世非議，清高宗就曾說：「此滅倫之法，不
特因噎廢食，實非人世所宜有之事。」〔註30〕

　　殺嗣君生母之舉，畢竟過於殘忍，因此詔禁后妃干政，較爲君臣所接受，
例如：魏文帝曹丕在黃初三年（222）下詔：

> 夫婦人與政，亂之本也。自今以後，君臣不得奏事太后，后族之家
> 不得當輔政之任，又不得橫受茅土之爵；以此詔傳後世，若有違背，
> 天下共誅之。〔註31〕

曹丕會下此令，乃鑑於東漢的后妃、外戚之亂，心生警惕，因此告誡子孫必
須防範。

　　其實禁止后妃干政，進一步可防杜外戚之禍。由於外戚因后妃的受寵或
臨朝，而有機會參與政事，甚至窺竊神器。歷史上由外戚滅國者，以傾漢室
的王莽、篡周祚的楊堅最爲著名。據史家的觀察，這些前朝外戚以「居宰輔
居多」，〔註32〕因此，隋文帝楊堅即位後，深知外戚的影響力，便大力改革前
失，「故母后之家不罹禍敗。」〔註33〕由此可知，外戚能否干政，與君主的態
度有關，《唐書》稱：

> 凡外戚成敗，視主德何如。主賢則共其榮，主否則先受其禍。故太
> 宗檢貴倖，裁賞賜，貞觀時，內里無敗家。高、中二宗，柄移艷私，
> 産亂朝廷，武、韋諸族，毫嬰頸血，一日同汙鈇刃。玄宗初年，法
> 行近親，裏表脩敕。天寶奪明，委政妃宗，階召反虜，遂喪天下。
>
> 〔註34〕

　　值得注意的是，后妃能否約束外戚，亦是一大關鍵。例如：唐太宗長孫
皇后「視古善惡以自鑑，矜尚禮法。」〔註35〕當唐太宗與她論及賞罰之事時，
爲她所拒，因爲她覺得：「牝雞之晨，惟家之索。妾以婦人，豈敢豫聞政事。」

〔註29〕同前書，卷13，〈皇后傳·史臣曰〉，頁341。

〔註30〕《欽定古今儲貳金鑑》，卷3，頁4b。

〔註31〕晉·陳壽，《三國志》（台北：鼎文書局，1977年），卷2，〈魏書·文帝紀二〉，
　　　　頁80。

〔註32〕可參見《北史》，卷14，〈后妃傳下·論〉，頁538。唐·令狐德棻，《周書》（台
　　　　北：鼎文書局，1976年），卷9，〈皇后傳·史臣曰〉，頁149。

〔註33〕《北史》，卷14，〈后妃傳二·論〉，頁538。

〔註34〕《新唐書》，卷206，〈外戚傳·序〉，頁5833。

〔註35〕《新唐書》，卷76，〈后妃傳上·太宗文德順聖皇后長孫氏〉，頁3470。

〔註36〕后妃干政對長孫皇后既是忌諱，更何況是外戚之患，所以她不僅論斥漢明德馬后不能檢抑外家，使與政事。〔註37〕而且對於兄長長孫無忌受封，期期以爲不可，她向唐太宗奏稱：「妾既託身紫宮，尊貴已極，實不願兄弟子姪布列朝廷。漢之呂、霍，可爲切骨之戒，特願聖朝勿以妾兄爲宰執。」〔註38〕長孫皇后的明理戒愼之心，堪稱賢淑后妃的典範。

不過長孫皇后的自覺，並未影響到唐朝的其他的后妃，加上當時的女性跟其他朝代比起來，較自由開放些，因此，「女禍」之事，時有所聞。反觀宋朝，雖屢有母后攝政的例子，但皆稱不上「女禍」，即使太后有野心，也受到政治制度與社會規範的雙重制約。〔註39〕如北宋仁宗時的劉太后雖掌有實權，仍不得不有所顧忌，儘管有人勸她仿武后自立，她也只能說：「吾不作此負祖宗事。」〔註40〕不敢有所僭越。而宋朝太后最受讚許的地方，就在於她們能夠節制外戚，史稱：

> 宋法待外戚厚，其間有文武才諝，皆擇而用之；怙勢犯法，繩以重刑，亦不少貸。仁、英、哲三朝，母后臨朝聽政，而終無外家干政之患，將法度之嚴，禮統之正，有以防閑其過歟？抑母后之賢，自有以制其戚里歟？〔註41〕

史家探討宋朝無外戚之患的原因，主要在於法度之嚴與母后之賢。間接也肯定宋朝太后對外戚的約束能力。並反映宋代太后在理學思想薰陶下，認眞的維護趙氏宗統，她們不再以皇權和外戚的雙重利益代表出現，而是以夫家爲皇權利益爲優先。〔註42〕《宋史》便認爲：「宋三百餘年，外無漢王氏之患，內無唐武、韋之禍，豈不卓然而可尚哉！」〔註43〕由此可知宋朝太后的自我警覺與杜絕外戚干政的用心。

總之，君主專制政體不變，女主攝政的可能性便不減。然而傳統的「女

〔註36〕《舊唐書》，卷51，〈后妃傳上・太宗文德順聖皇后長孫氏〉，頁2165。
〔註37〕《新唐書》，卷76，〈后妃傳上・太宗文德順聖皇后長孫氏〉，頁3471。
〔註38〕《舊唐書》，卷51，〈后妃傳上・太宗文德順聖皇后長孫氏〉，頁2165。
〔註39〕劉靜貞，〈從皇后干政到太后攝政〉，《中國婦女史論集續集》（台北：稻鄉出版社，1991年），頁148。
〔註40〕元・脫脫，《宋史》（台北：鼎文書局，1978年），卷242，〈后妃傳上・章獻明肅皇后〉，頁8615。
〔註41〕《宋史》，卷463，〈外戚傳上・序〉，頁13535。
〔註42〕杜芳琴，〈中國歷代女主與女主政治略論〉，頁54。
〔註43〕《宋史》，卷242，〈后妃上〉，頁8606。

禍」思想，對視此為禁忌，因此「英明」的帝后，「賢能」的士大夫，莫不刻意防範。尤其自宋之後，中央集權制度的施行，忠君觀念更為加強；太后即使臨朝，政治權力多少會受到官僚體系的約束，因此「女禍」的發生機率，就比前朝減少許多。

第二節　明朝對「后妃干政」的防範措施

一、明朝后妃與政治的關係

　　雖然在漢族王朝的政治制度中，后妃在政治上的地位每況愈下，尤其到了明朝，后妃的權勢與前朝比起來，遜色許多。但后妃對政治仍舊有其影響力。（參見表一）綜觀明代對政治有影響性的后妃大略分為幾種類型：

（一）協助皇帝創業的皇后

　　明初的馬皇后、徐皇后，在皇帝創業之際，從旁協助，頗受世人讚譽。尤其是馬皇后時常對嚴肅的朱元璋適時勸諫，使武將、功臣、無辜百姓得以倖免。〔註44〕後來馬皇后去世，使太祖與群臣之間缺少緩和調節之人，確實造成雙方關係日趨緊張，〔註45〕導致更多的冤獄。由此可看出馬皇后對政治的影響力。

　　而靖難期間，成祖率將士於外，北平由世子高熾留守，曹國公李景平趁機圍攻北平，城中兵少，徐皇后激勵校士民妻，「皆擐甲冑，挾矢石，登城列陣，協力一心，以死固守。」〔註46〕保住北平。可見徐皇后在成祖取得政權的過程中，亦付出不少心力。

（二）決定皇位繼承人的太后

　　明仁宗誠孝皇后張氏之後對政治上有影響力的后妃，大多數因嗣君繼位，母以子為貴而升為太后。且在嗣君不明之際，扮演重要的角色。如：誠孝皇后（張太皇太后）、孝恭孫皇后（孫太后）、孝康張皇后（張太后）。

　　張太皇太后在宣宗死後，決定九歲的英宗為繼任者，平息要立襄王為帝的謠言。英宗即位，尊她為太皇太后。朝中有些大臣，請她垂簾聽政，為其

〔註44〕馬皇后曾經為武將郭景祥、李文忠、文臣宋濂、富民沈秀求請，使他們免於大難。參見清‧張廷玉，《明史》，卷113，〈后妃傳一‧太祖慈高皇后馬氏〉，頁3505。
〔註45〕朱鴻，〈明太祖諸夷功臣的原因〉，《國立臺灣師範大學歷史學報》，第8期，1980年5月，頁64。
〔註46〕《明太宗實錄》，卷69，頁4b，永樂五年七月乙卯條。

婉拒，她說：「毋壞祖宗之法，第悉罷一切不急務，時時勸帝向學，委任股肱。」
〔註47〕她的決定，杜絕日後后妃攝政的可能性。而英宗時的孫太后，在「土
木堡之變」與「奪門之變」時，對於皇位人選，也具有關鍵性的影響。〔註48〕
張太后則因武宗無子，在武宗病逝後，決定迎立世宗入繼大統。由此可看出
國君懸缺時，太后往往具有決定新帝的極大權力。

（三）爭取正名的后妃

在明朝，有些嬪妃因為「母以子為貴」的即位，而升為太后，她們除了
享有榮華富貴外，更希望能正名，其中憲宗時的周太后與世宗朝的蔣太后，
為得正名，曾引發不少爭議。

憲宗的生母，原為英宗周貴妃，憲宗即位後便將她與錢太后並尊為皇太
后。成化四年（1468）錢太后崩，周太后不欲錢太后與英宗合葬，憲宗知其
意，欲將錢太后別葬，使其母日後能與英宗同葬裕陵，躋於正室地位。但事
涉宗室禮儀名份，有侵大統之嫌，引起群臣反對，由於周太后的堅持，憲宗
很為難的對臣子說：「卿等言是，顧朕屢請太后未得命。乖禮非孝，違親非孝。」
〔註49〕由此可知周太后對「正名」的在意，只是因不順於理，未能如願。

此外，世宗的生母蔣太后亦重視名分，世宗以藩王入承皇位，因與朝中
大臣在對自己生身父母的尊號上，意見相左，蔣太后在赴京城途中得知尊稱
未定，朝議又主考孝宗，甚為不悅，認為豈可將自己的兒子變成別人的兒子，
執意不肯入京。世宗得知蔣太后的委屈，遂與大臣展開長期爭議。〔註50〕世
宗終於克服困難，蔣太后也獲得應有的太后尊榮。

（四）聲名狼藉的后妃

明朝中葉最受批評的后妃，當屬明憲宗的萬貴妃。〔註51〕她最早為孫太

〔註47〕參見《明史》，卷113，〈后妃傳一・仁宗誠孝皇后張氏〉，頁3512～3513。

〔註48〕正統十四年（1449）發生「土木堡之變」，英宗被俘，孫太后命英宗異母弟郕
　　　　王朱祁鈺監國，不久即皇位，為景帝；但孫太后與景帝相處不甚融洽，而被
　　　　肆放回京的英宗，不時想要復位，與宦官合作，於景泰八年（1457）發動「奪
　　　　門之變」，並先奏明孫太后，獲得首肯，復辟成功。

〔註49〕《明史》，卷113，〈后妃一・英宗孝莊皇后錢氏傳〉，頁3516。

〔註50〕有關嘉靖初年的「大禮」議之研究，詳參朱鴻，〈「大禮」議與明嘉靖初期的
　　　　政治〉，國立臺灣師範大學歷史研究所碩士論文，1978年。

〔註51〕有關萬貴妃的生平，可參見《明憲宗實錄》，卷286，頁1b～2a，成化二十三
　　　　年正月辛亥條。沈德符，《萬曆野獲編補遺》，〈宮闈・萬妃晚倖〉，頁2141～
　　　　2142。《明史》，卷113，〈后妃傳一・萬貴妃〉，頁3524～3525。

后的宮女，及笄成年之後，被命服侍尚是東宮的憲宗。兩人年齡差距很大，憲宗從小就受到她的照顧，〔註52〕而萬貴妃貌雄聲巨，較似男子，周太后不解憲宗為何會喜歡萬氏，問：「彼有何美？而承恩多？」憲宗答：「彼撫摩，吾安之，不在貌也。」〔註53〕可見憲宗對萬貴妃，在意的是從小被撫摸疼愛的感覺，而非在於美色。且萬貴妃本身機警，善迎帝意，也是深受憲宗寵愛的原因。但她好妒，尤其在自己的孩子夭折後，無法再生育，不容其他嬪妃有子，傷墮無數，而明孝宗是在眾人的保護下，避開萬貴妃的耳目，才得以成長。

萬貴妃除了傷害後宮有子者外，還放縱她所寵信的太監，如：錢能、覃勤、汪直、梁方、韋興之輩，在外「擅作威福，戕害善良、弄兵搆禍」，而他們可以如此無法無天，「皆由妃主之也。」〔註54〕使其有所依恃。可見萬貴妃也間接影響到政治社會的安寧。

綜上所述可知，皇后、嬪妃、太后能否對政治有影響，主要在於皇帝的態度，明太祖、明成祖因為早年與皇后一起奮鬥，有同甘共苦的經驗，因此對其建議勸諫，比較願意接受。而憲宗因為從小就受萬貴妃的照顧，養成一種依賴的習慣，進而畸戀寵幸。至於太后則因在儒家「孝道」觀念的影響下，深受皇帝的孝敬，擁有極大的「母權」。但因宮闈干政的忌諱，所以太后在政治象徵上的意義，大於實質上的意義；不過在皇位轉接的過渡時期，太后往往被賦予某種程度的實權。例如：宣宗駕崩時，遺詔提到：「凡國家重務皆上白皇太后、皇后然後施行。」〔註55〕武宗的遺詔也說：「嗣君未到京之日，凡有重大緊急事情，該衙門具本，暫且奏知皇太后而行。」〔註56〕畢竟母子骨肉親情，政權委於母親，是比較保險的方法，這時「母權」最為尊崇。

〔註52〕 萬貴妃生於宣德五年（1430），憲宗生於正統十二年，（1447），兩人相差十七歲。正統十四年（1449），三歲的憲宗被立為皇太子，當時萬氏已二十歲；天順元年（1457），十一歲憲宗又復立東宮，萬氏已二十八歲。《明憲宗實錄》記萬貴妃「及笄，命侍上於青宮」，所謂「及笄」指女孩子十五歲，束髮加笄，意即成年。二十歲離及笄之年尚近，但若二十八歲還算「及笄」，就有點說不過去。因此，她應該是在憲宗三歲時，就去服侍。在長期的照顧之下，對憲宗來說，萬貴妃可能不只是侍女，應還含有保姆身分。

〔註53〕 查繼佐，《罪惟錄列傳》（台北：明文書局，1991年），卷2，〈皇后列傳〉，頁1161。

〔註54〕 《明憲宗實錄》，卷286，頁2a，成化二十三年正月辛亥條。

〔註55〕 《明宣宗實錄》，卷115，頁11b，宣德十年春正月乙亥條。

〔註56〕 《明武宗實錄》，卷197，頁6b，正德十六年四月戊辰條。

　　值得注意的是，明朝后妃、太后，除了因為皇帝的信任、孝敬而獲得尊榮外，她們的壽命長短與政治影響力，也有很大的關係。如：張太皇太后、孫太后、周太后、張太后，以及孝定李太后（明神宗生母）。其中李太后在位最久，神宗即位時，尊稱「慈聖皇太后」。萬曆初年，她將神宗的教育與國事，委託張居正輔助，且對神宗的督教相當嚴格，使得萬曆初年，國勢強盛。李太后雖然不干預政事，但是常扮演重要角色，如：立「國本」、福王之國，她都發揮極大的影響力。〔註57〕由於她當了四十多年的皇太后，因此造成宮中對皇太后的印象，就是李太后的模式，享受皇帝的孝敬，榮華富貴至老，造成日後鄭貴妃、李選侍，積極謀得此位。

二、后妃干政的預防

（一）宮廷的教化

　　明太祖鑒於前代「女禍」之嚴重，故對宮廷后妃教化頗為重視，洪武元年（1368），命儒臣編修《女誡》，他在諭示大臣朱升時，即說明編纂的目的：

> 治天下者，修身為本，正家為先。正家之道，始於謹夫婦。后妃雖
> 母儀天下，然不可使預政事。至於嬪嬙之屬，不過備職，事侍巾櫛，
> 若寵之太過，則驕恣犯分，上下失序。觀歷代宮闈，政由內出，鮮
> 有不為禍亂者也。夫內嬖惑人，甚於鴆毒；惟賢明之主能察於未然，
> 其他未有不為所惑者。卿等為我纂述《女誡》及古賢妃之事可為法
> 者，使後世子孫知所持守。〔註58〕

　　所謂「歷代宮闈，政由內出，鮮有不為禍者。」除了過去史書的教訓外，元亡殷鑑不遠，太祖感受尤深。他發現「元末之君，不能嚴宮闈之政，至宮嬪女謁私通外臣而納其賄賂，或施金帛于僧道，或番僧入宮中攝持受戒，而大臣命婦亦往來禁掖，淫瀆褻亂，禮法蕩然，以至于亡。」〔註59〕因此深以為戒，並著手定法令要典，要後代遵守，對來往宮中的人物，皆有所規範：

> 皇后之尊，止得治宮中嬪婦之事，即宮門之外，豪（毫）髮事不預
> 焉。自后妃以下，至嬪侍女使，小大衣食之費、金銀錢帛器用百物
> 之供，皆自尚宮奏之而後發，內使、監官覆奏，方得赴所部關領。

〔註57〕有關立「國本」、福王之國參見本文第三章、第四章。
〔註58〕《明太祖實錄》，卷31，頁1a，洪武元年三月辛未條。
〔註59〕《明太祖實錄》，卷52，頁4a，洪武三年五月乙未條。

> 若尚宮不及奏而朦朧發，內官監、監官不覆奏，而輒擅領之部者，
> 皆論以死；或以私書出外者，罪亦如之。宮嬪以下遇有病，雖醫者
> 不得入宮中，以其證（症）取藥而已。群臣命婦於慶節朔望朝見中
> 宮而止，無故即不得入宮中；人君亦無有見外命婦之禮。天子及親
> 王后妃宮嬪等必慎選良家子而聘焉，戒勿受大臣所進，恐其夤緣為
> 奸，不利於國也。至於外臣請謁、寺觀燒香、禳告星斗之類，其禁
> 尤嚴。〔註60〕

到了洪武五年（1372），太祖命工部將這些戒諭后妃之辭，鐫造於紅牌，懸在宮中。〔註61〕太祖留下這樣的祖訓，影響極大，日後，張太皇太后即以此告諭：「諸后妃家並須遵奉皇祖訓戒，不許干預國政。」〔註62〕可見此一祖訓對后妃預政頗有警示與約束的作用。

至於在女教的推廣方面，明代諸后也甚為重視，馬皇后曾問宮中的女史范氏：「自漢唐以來，何后最賢？家法何代最正？」范氏曰：「惟趙宋諸后多賢，家法最正。」后命錄進誦聽之。有人認為宋朝后妃過於仁厚，馬皇后不以為然：「過於仁厚，不猶愈於刻薄乎？吾子孫苟能以仁厚為本，至於三代不難矣！仁厚雖過，何害於人之國哉！」〔註63〕馬皇后藉古代后妃的行誼，不斷省思、充實，不僅期許自己為一位賢慧仁厚的好皇后，也為後世子孫樹立典範。

這樣的警覺，使得後代后妃更為惕勵，並將其理念發揚光大，其中又以徐皇后為代表。由於馬皇后在世時，每聽女史讀《列女傳》，認為有些需要考訂補充，未能完成，因此徐皇后建議成祖，請解縉等人增補成《古今列女傳》，並由成祖自製序文刊印頒行。〔註64〕此外，徐皇后並親撰《內訓》，在序文中說明撰寫的目的：

> 仰惟我高皇后教訓之言，卓越往昔，足以垂法萬世，吾耳熟而心藏
> 之，乃於永樂二年冬，用述高皇后之教以廣之，為《內訓》二十篇，
> 以教宮壼。〔註65〕

〔註60〕 同前註。
〔註61〕 參見《明太祖實錄》，卷74，頁9b，洪武六年甲辰條。
〔註62〕 《明英宗實錄》，卷97，頁7b，正統七年十月乙巳條。
〔註63〕 《明太祖實錄》，卷147，頁4b～5a，洪武十五年八月丙戌條。
〔註64〕 參見解縉等，《古今列女傳》提要與原序。收入於《景印文淵閣四庫全書》，452冊（台北：臺灣商務印書館，1984年），史部七，傳紀類三。
〔註65〕 仁孝徐皇后，《內訓》（台北：臺灣商務書局，四庫全書珍本第十一集〔103〕，1982年），〈原序〉，頁1b～2a。

可見徐皇后與馬皇后一樣對宮壼教化，相當注意。

繼《古今列女傳》、《內訓》之後，又有世宗生母章聖皇太后（蔣太后）著《女訓》、神宗生母慈聖皇太后（李太后）撰《女鑑》。蔣太后通詩書，弘治五年（1492）冊爲王妃之前，嘗著《女訓》十二篇。後來世宗御製跋語，於嘉靖九年（1530）頒行天下。〔註66〕世宗並積極將《高皇后傳》、《內訓》、《女訓》三書刊布，以廣內教，其動機爲「今也時俗，大不古若，況女子最爲難教，欲立其本，當自朕中宮始。」〔註67〕大學士桂萼甚至建議於兩京及在外布政司、府州縣設習《女訓》之所，以廣教化，但因「恐聚女子而教于一學，恐有群居之憂。」〔註68〕而做罷。而李太后的《女鑑》，後世稱其書「尤詳明典要，主上親灑宸翰序上，眞宮闈中盛事也。」〔註69〕

由於祖訓的約束以及女教的強調，「后妃不得干政」的思想逐漸深入宮闈，即使有些后妃有很大的權力慾望，也不敢有所踰矩，深怕惹來「牝雞司晨」的惡名。

（二）對外戚的約束

明初，后妃對外戚的約束甚謹，像太祖欲訪馬皇后親族，欲授以官，馬皇后即說：

> 國家官爵，當與賢能之士，妾家親屬未必有可用之才，且聞前世外戚之家，多驕淫奢縱，不守法度，有致覆敗者。陛下加恩妾族，厚其賜予，使得保守足矣。若其果賢，自當用之，若庸下非才而官之，必恃寵致敗，非妾之所願也。

太祖接受其意見，才未加封。〔註70〕

而徐皇后之弟徐增壽因靖難爲明惠帝所殺，成祖追封爲定國公，命其子徐景昌襲爵。徐皇后原本就反對追封，因此她對成祖說：「此上大德，然非妾之志也。」或許與馬皇后一樣，深怕外戚恃寵致敗。但最重要的因素，乃徐景昌與徐皇后的其他姪子同樣驕恣，屢爲言官所劾，成祖宥之。〔註71〕而徐

〔註66〕毛奇齡，《勝朝彤史拾遺記》，收入《百部叢書集成》35冊，藝海珠塵本，第4函（台北：藝文印書館，1966年），卷5，〈世宗嘉靖朝〉，頁2a。
〔註67〕《明世宗實錄》，卷117，頁7b，嘉靖九年九月戊申條。
〔註68〕《明世宗實錄》，卷118，頁5a，嘉靖九年十月壬戌條。
〔註69〕沈德符，《萬曆野獲編》，卷3，〈宮闈·母后聖製〉，頁189。
〔註70〕《明太祖實錄》，卷29，頁8b～9a，洪武元年正月壬午條。
〔註71〕參見《明史》，卷125，〈徐達傳〉，頁3732。

皇后臨終前，曾對成祖說：「願無驕畜外家。」〔註72〕可能也是因為姪子的行為引以為憂。

徐皇后之所以擔心外家，或許可從《內訓》文中瞭解，在她的觀念中：「外戚之過，亦係乎后德之賢否爾。」〔註73〕姪子在外胡作非為，不僅敗壞家族名聲，而且虧損后德，因此她提出保全外戚，防止干政之法：

> 夫欲保全之者，擇師傅以教之。隆之以恩，而不使撓法；優之以祿，而不使預政；杜私謁之門，絕請求之路；謹奢侈之戒，長謙遜之風，則其患自弭。〔註74〕

由此可知，皇室本身，常藉著隆恩、厚祿、杜絕關說，使外戚無法干政；另一方面，在教育方面，延請師儒教導外戚，使外戚本身亦知警覺，養成謙遜、戒奢的習慣，則外戚之患自能消弭。

因此我們可以看到明朝的外戚，雖享有榮華富貴及頗高的祿位，但也被要求不要過問政事，侵擾百姓。如：宣宗時，張太皇太后對長兄彭城伯張昶、三兄都督張昇及諸皇親訓諭：「外戚所以與國家同享富貴於永久者，必其能謹守禮法不敢踰越。苟不知禮而恣肆分外，朝廷必不以私親廢公道。爾曹勉之。」〔註75〕另外，還有些太后對自己的父親犯法，也不顧親私，予以責備，如：萬曆的李太后，其父武清伯李偉有貪污之嫌，李太后甚怒，遣諭內閣：「盡法外治，吾不私外家。」並召武清伯父子立宮門外，遣中侍出數之。武清父子惶恐服罪，自此少戢矣。〔註76〕由此可看出明朝太后在約束外戚的決心。

不過有時也有防範不周之處，如：英宗時，外戚孫氏因為參與「奪門之變」，特渥封賞而握有軍權，大臣李賢對外戚坐大憂心，說：「祖宗以來，外戚不與軍政。今與軍政，或者太后意乎？」英宗答：「太后正不樂此。初為內侍惑以關防之說，至今猶悔。」李賢言：「此尤足以見太后識高。」〔註77〕不久，便趁機解戚臣的兵權。此外，張皇后因受寵，兩個弟弟張鶴齡、張延齡也跟著顯達，在弘治、正德年間，驕恣放肆，但隨著世宗的入繼大統，張太

〔註72〕《明太宗實錄》，卷69，頁4b，永樂五年七月乙卯條。
〔註73〕《內訓》，〈待外戚章第二十〉，頁32a。
〔註74〕同前註，頁35a。
〔註75〕《明宣宗實錄》，卷63，頁12a，宣德五年二月乙未條。
〔註76〕《明神宗實錄》，卷69，頁4a，萬曆五年十一月丙寅條。
〔註77〕《明英宗實錄》，卷289，頁4b，天順二年三月甲辰條。

后跟皇帝的關係只是伯母、姪子的關係，且相處不甚融洽，世宗一切「依法行事」，張延齡兄弟便告失勢。〔註78〕

其實光靠后妃的約束是不夠的，皇帝能不能有效控制外戚，才是最主要的關鍵。明太祖認為只要「不牽於私愛，惟賢是用，苟干政典，裁以至公，外戚之禍何由而作！」〔註79〕明世宗則重申禁止外戚入宮禁探視女兒，他認為「外戚，自古未有入宮禁，假以視病為言，多有窺伺朝廷者。在彼為得計，在其君為墮計也。」〔註80〕

大抵而言，明朝帝王在防止外戚過問政事的前提下，一般對於外戚的封賞，甚為優渥，有時甚至過於推恩濫賜。如果外戚未能受良好的教化，突然之間獲得富貴，往往貪求更多，尤其在莊田、財物方面，英宗曾因錢皇后的家人錦衣衛都指揮使錢僧護之祖母陳氏，奏乞抄沒莊田一百頃，表達不滿，告知：「貴戚之家當知止足，僧護嘗賜地千餘頃，已足耕種，何得復求。」〔註81〕類似這種乞恩賞封或違法犯紀之事，不勝枚舉，但只要外戚不過問政事，尚是朝廷所能容忍範圍，且違法的外戚也只見少數幾人。

故《明史》評論外戚：

> 其賢者類多謹身奉法，謙謙有儒者風。而一二怙恩負乘之徒，所好不過田宅、狗馬、音樂，所狎不過俳優、估妄，非有軍國之權，賓客朋黨之勢。〔註82〕

畢竟「謹身奉法」的外戚，仍佔多數，而「怙恩負乘之徒」尚不能危及國政，因此明代對外戚的防範雖仍有疏失之處，但較之前代，其成效已頗可觀。另一方面明代后妃除了少數出身仕宦之家，多出身庶民之家，〔註83〕故外戚家世不彰，對政權就不致有威脅力。史稱：「有明一代，外戚最為孱弱。」〔註84〕實非偶然。

〔註78〕有關張氏兄弟違法犯紀情形，參見《明史》，卷300，〈外戚傳〉，頁7676～7677。

〔註79〕《明太祖實錄》，卷110，頁4a，洪武九年十一月辛巳條。

〔註80〕《明世宗實錄》，卷92，頁10a，嘉靖七年九月辛卯條。

〔註81〕《明英宗實錄》，卷342，頁2a，天順六年七月乙未條。

〔註82〕《明史》，卷300，〈外戚傳·序〉，頁7659。

〔註83〕據《明史·后妃傳》的記載，可發現明代的后妃約有85%出身於庶民之家。見徐泓，〈明代的婚姻制度〉，《大陸雜誌》，78卷1期，1989年1月，頁32。

〔註84〕《明史》，卷300，〈后妃傳·序〉，頁7670。

（三）人臣的勸諫

明代太后預政，其權力是有限制的，與前代太后聽政有所不同。〔註85〕尤其自祖訓禁止宮闈干政，張太皇太后廢垂簾聽政之制後，太后若要預政，勢必要與朝中大臣協調，才能獲得某種程度的裁決權，無形之中，大臣也對太后的行為有些制約與規範，茲舉數例論之：

「土木堡之變」，英宗被俘，孫太后因現實考量，先敕郕王朱祁鈺監國，〔註86〕代總朝政。但也考慮到萬一英宗有何不測，皇位應由其子繼承，因此令立英宗長子朱見深為皇太子。〔註87〕不久，朱祁鈺繼位，是為景帝。雖然這是太后的決定，不過來自文武大臣的壓力才是主因，當時他們請命於孫太后說：「聖駕北狩，皇太子幼沖，國勢危殆，人心洶湧。古云：『國有長君，社稷之福』。請定大計以奠宗社。」〔註88〕且像兵部尚書于謙等人「誠憂國家，非為私計」，〔註89〕孫太后不得不權衡輕重，並顧慮到當時危急的狀況，加上朱見深已被立為皇儲，英宗的血脈亦能繼大統，因此孫太后才命郕王為帝。

而武宗時的張太后本人自視甚高，態度倨傲，當權後也有很大的權力欲望，唯其正統觀念極強，故處事尊重傳統，能識大體，而楊廷和便利用太后此種心理，處處以堯舜的典範尊譽太后，使太后不敢僭越破壞祖制。對於楊廷和建議策立興獻王長子朱厚熜，並無異議。〔註90〕

儘管孫太后、張太后日後與新君有些嫌隙，但她們當初的決定，以國家社稷為重，使得皇位銜接時期，得以安然渡過。不過大臣適時的建言和輿論的壓力，才是加強她們決心的力量。這是由於內閣制度逐漸形成，閣臣對政策的決定，備受尊重；另一方面憲宗、孝宗，皆有納諫的雅量，使得言路漸開。而大臣心中自然對太后也賦予某種理想形象，一旦不符，便上奏勸諫。太后面對官僚的建言，只要符合國家、個人的利益及社會的道德規範，常會尊重接受。

〔註85〕朱鴻，〈「大禮」議與明嘉靖初期的政治〉，頁25。

〔註86〕有關孫太后敕郕王監國，可參見《明英宗實錄》，卷181，頁8b，正統十四年八月乙丑條；頁12b，八月乙丑條。

〔註87〕《明英宗實錄》，卷181，頁9b，正統十四年八月丁卯條。

〔註88〕《明英宗實錄》，卷183，頁20a～20b，正統十四年八月丙子條。

〔註89〕《明英宗實錄》，卷181，頁20b，正統十四年八月丙子條。

〔註90〕參見朱鴻，〈「大禮」議與明嘉靖初期的政治〉，頁28～31。

　　總之，明朝前期的后妃，樹立許多典範，尤其在協助皇帝創業，推行宮廷教化，都不遺餘力。使得後代的后妃不敢干預政事，不過等到升為太后，因為骨肉親情與儒家的孝道觀念，太后便擁有一定程度的「母權」，尤其在皇位銜接的過渡時期，她們對政治的影響力，是不容忽視的。而除了少數幾位外，〔註91〕大多數的后妃，都能遵守應有的本分。

　　后妃能夠這樣自制與守分，應歸功於明代歷朝帝后的不斷訓諭與著書告誡，也說明了明代對后妃干政的防範，成效頗著。因此《明史》對明代后妃的總評：

> 高皇后從太祖備歷艱難，贊成大業，母儀天下，慈德昭彰。繼以文皇后仁孝寬和，化行宮壼，後世承其遺範，內治肅雍。論者稱有明家法，遠過漢、唐，信不誣矣。〔註92〕

史家對明代后妃的謹守分際，給予高度的肯定；相對的，與歷代后妃相較，其權力也最小。〔註93〕又因外戚的好壞，也關係著后妃的賢德，因此對外戚之患的防範頗為注意，並採多管齊下的方式（如：給予厚祿、不許問政）使禍害降低。此外，來自官僚體系的壓力，使得后妃不得不有所尊重與顧忌。因此，明代對后妃干政的防範措施，使宮壼得以肅清。

表1：明朝各代后妃的重要事蹟簡表

后妃	與皇帝之關係	重要事蹟
孝慈高皇后馬氏	太祖皇后	勤於內治，講求古訓，關心民生，勸諫太祖。洪武15年（1382）卒。
成穆貴妃孫氏	太祖妃	妃薨，因無子，太祖命周王橚行慈母服三年，並敕儒臣作《孝慈錄》，眾子為庶母期，自妃始。

〔註91〕明朝中期的后妃，在自覺能力上，就跟初期有些差距，私心較重，查繼佐認為如孫太后若是無私心，可以無奪門之變，英宗亦可復位，但孫太后卻未能處置得當；而周太后「有子而驕」，因此對於稱號、祔葬，都過於干預；張太后，則評「為后有餘，為母若不足。」教子不嚴，又放縱外戚，甚至假設明朝若有「垂簾聽政」之例，張太后必自行其意，「天下事尚忍言哉！」。詳見《罪惟錄列傳》，卷2，〈皇后列傳〉，頁1152、1155、1159、1164、1167。

〔註92〕《明史》，卷114，〈后妃傳‧贊〉，頁3546。

〔註93〕Ellen Felicia Soulliere 亦認為明朝后妃的權力，不管跟前代或是後來的滿清比起來，所擁有的權力就很小。見氏著"Palace women in the Ming Dynasty：1368～1644", Ph. D. dissertation, Princeton University, 1987, P.383.

		洪武 7 年（1374）卒。
李淑妃、郭寧妃	太祖妃	馬皇后過世後，李淑妃、郭寧妃陸續攝六宮。
惠帝馬皇后	惠帝皇后	建文 4 年（1402）死於靖難。
仁孝皇后徐氏	成祖皇后	嘗作《內訓》、《勸善書》。永樂 5 年（1407）卒。
昭獻貴妃王氏	成祖妃	妃有賢德，爲諸子曲爲調護。永樂 18 年（1420）卒。
恭獻賢妃權氏	成祖妃	朝鮮人。善吹玉簫。永樂 8 年（1410）卒。
誠孝皇后張氏	仁宗皇后，宣宗尊爲皇太后，英宗尊爲太皇太后	宣德初，軍國大議多秉聽裁決。遇外家嚴。指定英宗爲新天子。正統 7 年（1442）卒。
恭讓皇后胡氏	宣宗的元配皇后	后未有子，又善病，被廢。正統 8 年（1443）卒。
孝恭皇后孫氏	宣宗第二后，英宗尊爲皇太后	幼有美色。由貴妃晉升爲后，收養英宗爲子。同意英宗的「奪門之變」。天順 6 年（1462）卒。
吳太后	宣宗妃，景帝的生母	又稱吳賢妃。成化中崩。《實錄》載天順五年 12 月卒。
郭嬪	宣宗時宮人	郭嬪，名愛，賢而有文，入宮二旬而卒，自知死期，書詞自哀。
孝莊皇后錢氏	英宗的皇后	英宗蒙難，爲其哀傷，損一目。她死後，英宗希望將來與錢后同葬。但後來因爲周太后之故，合葬問題擾攘多時。成化 4 年（1468）卒。
孝肅周太后	英宗妃。憲宗生母，尊爲皇太后。孝宗尊爲太皇太后	曾撫育孝宗於宮中。自她起，皇帝的生母，可與先皇合葬，並移祀陵殿。弘治 17 年（1504）卒。
廢后汪氏	景帝的元配皇后	曾勸景帝不可廢太子憲宗，而被廢。與周太后相得甚歡，然性剛執。正德元年（1506）卒。
肅孝皇后杭氏	景帝第二皇后	生子見濟，景帝廢汪氏後，立后。景泰 7 年（1456）卒。
廢后吳氏	憲宗的元配皇后	因杖萬貴妃，得罪憲宗，被廢。孝宗生於西宮，后保抱惟謹。正德 4 年（1509）卒。
孝貞皇后王氏	憲宗第二皇后。孝宗尊爲皇太后。武宗尊爲太皇太后	正德 13 年（1518）卒。

孝穆紀太后	憲宗淑妃。孝宗生母	暗中生下孝宗，六年後憲宗、孝宗父子相認後不久，紀氏暴斃，疑被萬貴妃所害。成化11年（1475）卒。
孝惠邵太后	憲宗妃，興獻帝母。世宗祖母	世宗入繼大統，喜孫爲皇帝。嘉靖元年（1522）卒。
恭肅貴妃萬氏	憲宗妃	受寵，傷害宮中有身者無數。成化23年（1487）卒。
孝康皇后張氏	孝宗皇后。武宗尊爲皇太后。世宗稱聖母、伯母。	武宗崩，決定世宗入繼大統，世宗事后日益淡薄。並欲殺太后弟張延齡。嘉靖20年（1541）卒。
孝靜皇后夏氏	武宗皇后	死後葬禮，群臣議諡。嘉靖14年（1535）卒。
睿宗獻皇后蔣氏	世宗生母	不願己子爲他人子。製《女訓》頒於天下。嘉靖17年（1538）卒。
孝潔皇后陳氏	世宗皇后	因妒心，引帝大怒，后驚悸，墮娠崩。嘉靖7年（1528）卒。
廢后張氏	世宗第二后	嘉靖七年至十三年爲皇后，曾率六宮聽講《女訓》。嘉靖15年（1536）卒。
孝烈皇后方氏	世宗第三后	從九嬪之中晉升爲后。宮婢楊金英謀殺世宗，幸爲后所救，帝感念至深。嘉靖26年（1547）卒。
孝恪杜太后	世宗妃。穆宗生母	嘉靖33年（1554）卒。
孝懿皇后李氏	穆宗的太子妃	生憲懷太子。嘉靖37年（1558）卒。
孝安皇后陳氏	穆宗皇后。神宗尊爲皇太后	神宗孝事兩宮無間。萬曆24年（1596）卒。
孝定李太后	穆宗妃。神宗生母，尊爲皇太后	帝幼教子甚嚴，委託張居正誨之。國本之爭時，曾給神宗一些建議。萬曆42年（1614）卒。
孝端皇后王氏	神宗皇后	事孝定太后得其歡心。萬曆48年（1620）卒。
昭妃劉氏	神宗妃。天啓、崇禎掌太后璽。	關心莊烈帝。崇禎15年（1642）卒。
孝靖王太后	神宗妃。光宗生母	不爲神宗所喜。萬曆39年（1611）卒。
恭恪貴妃鄭氏	神宗妃	生福王。引起「國本」爭議。崇禎3年（1630）

		卒。
孝元皇后郭氏	光宗的太子妃	萬曆 41 年（1613）卒。
孝和王太后	光宗才人。熹宗生母	萬曆 47 年（1619）卒。
孝純劉太后	莊烈帝生母	萬曆 38 年（1610）生莊烈帝。
康妃李氏（西李）	光宗選侍	嘗撫視熹宗、莊烈帝。引起「移宮案」。
莊妃李氏（東李）	光宗選侍	莊烈帝幼失母，育於西李，既而西李生女，改命東李撫視。天啟年薨。
選侍趙氏	光宗選侍	遭客氏、魏忠賢陷害。自經死。
懿安皇后張氏	熹宗皇后	力抗客、魏，傳立信王爲帝。崇禎 17 年（1644）自縊。
裕妃張氏	熹宗妃	拯救成妃，反被客、魏陷害。
莊烈愍皇后周氏	莊烈帝皇后	曾建議遷都，其他政事，則未嘗預。崇禎 17 年（1644）自縊。
恭淑貴妃田氏	莊烈帝妃	受寵而驕。生皇五子薨於別宮，妃遂病。崇禎 15 年（1642）卒。

＊本表依據《明史》，卷 113、114，〈后妃傳〉製。

第二章　鄭貴妃與萬曆「國本」之爭

　　明朝對「后妃干政」的防範，雖有其成效，但不可否認的，仍有部分后妃對政局具影響力。如萬曆的鄭貴妃，當時群臣懷疑神宗遲遲不立太子，與她有很大的關係，於是展開長期的「國本」爭議。本章試從「國本」之爭的緣起，探究士大夫執意要求神宗立長子常洛爲太子之因。進而瞭解鄭貴妃在此爭議中的角色，並比較鄭貴妃與其他宮闈女性（王皇后、王恭妃）的不同之處。

第一節　「國本」之爭的緣起

　　中國自周代行宗法制度開始，君位的繼承，向以嫡長子爲優先考量，故《春秋‧公羊傳》曰：「立嫡以長不以賢，立子以貴不以長。」〔註1〕顯示君位的繼承，有一定的倫理綱常，嫡長子的身分是最無可爭議的。但是影響皇位繼承人選的因素極爲複雜，最後能登上天子寶座的常有一段曲折的過程。繼位人選固然有以嫡以長和無嫡則以賢爲原則，事實上這些觀念的約束力並不是絕對的，皇帝本人才是決定儲貳的最高權威，如果其另有打算，他人也無可奈何。〔註2〕不過，仍有例外的情形，如明神宗因爲建儲的問題，與士大夫意見相左，最後神宗終於妥協，冊立長子爲太子，這場長達十五年之久的

〔註1〕《春秋公羊傳》（台北：藝文印書館，重刊宋本十三經注疏，1979年），卷1，頁12a，隱公元年春王正月。
〔註2〕邢義田，〈奉天承運——皇帝制度〉，《中國文化新論制度篇‧立國的宏規》（台北：聯經出版事業公司，1983年），頁61。

建儲爭議，史稱「國本」爭。

明初，對於後宮的女官、妃嬪人員編制，與前朝比起來，規模雖較小，但後來日漸增加。擴充之原因，主要在「子嗣」的問題上。而且一旦皇帝即位多年未有子，「國本」懸缺，後繼無人，斷嗣之疑慮必然產生，因此「廣徵妃嬪」，成為解決問題的途徑。明世宗即是如此，《明史》載：

> 帝即位且十年，未有子。大學士張孚敬言：「古者天子立后，並建六宮、三夫人、九嬪、二十七世婦、八十一御妻，所以廣嗣也。陛下春秋鼎盛，宜博求淑女，為子嗣計。」從之。〔註3〕

而明神宗後來也是因為沒有子嗣，而廣徵妃嬪。

神宗的皇后王氏，萬曆六年（1578）就被冊立為后，但是大婚之後，王皇后遲遲未生育，直到萬曆九年（1581）十二月才產下皇長女。〔註4〕因非男嬰，所以李太后非常著急，曾派文書官傳達心意給輔臣張居正，張對此亦相當瞭解，因此在經筵時奏稱：

> 臣等竊聞古者天子，一后三夫人九嬪，所以廣儲嗣也，今皇上仰承宗廟，社稷之重，遠為萬世長久之圖，而內職未備，儲嗣未蕃，亦臣等日夜所為懸切者，但選用宮女事體太輕，恐名門淑女，不樂應選，非所以重萬乘求令淑也。臣等查嘉靖九年世宗皇帝有敕諭禮部，慎選九嬪事例，在今日似為相合，或止如選宮女事例照常舉行，臣等不敢擅定，謹擬傳帖二道，伏乞皇上奏知聖母。〔註5〕

不久，神宗獲得到皇太后的贊同，敕諭禮部：

> 朕大婚有年，內職未備，茲承聖母慈諭，博求賢淑，用廣儲嗣，特命爾等查照嘉靖九年皇祖世宗皇帝選冊九嬪事例，先於京城內外出榜曉諭，爾等堂上官督令領該司官，會同巡城御史，博訪民間女子，年十四歲以上，十六歲以下，容儀端淑，禮教素嫻，及父母身家無過者，慎加選擇，陸續送諸王館，其北直隸、河南、山東等處，另差司官前去選取。爾等務體朕心，安靜行事，毋得因而騷擾。〔註6〕

此事一直到次年（1852）三月才辦妥，神宗宣布冊封九嬪：端嬪周氏、

〔註3〕《明史》，卷114，〈后妃二・孝烈皇后方氏傳〉，頁3531。
〔註4〕《明神宗實錄》，卷119，頁1a，萬曆九年十二月甲午條。
〔註5〕《萬曆起居注》二冊（北京：北京大學出版社，1988年），頁168，萬曆九年八月十二日癸卯條。
〔註6〕同前書，頁169，萬曆九年八月十八日己酉條。

淑嬪鄭氏、安嬪王氏、敬嬪邵氏、德嬪李氏、和嬪梁氏、榮嬪李氏、順嬪張氏及愼嬪魏氏。〔註7〕

　　而在選嬪之際，神宗臨幸宮女王氏（恭妃），後生一男，即皇長子——朱常洛。〔註8〕神宗得子，朝廷舉行了一連串的慶賀儀式，其中包括開恩大赦、〔註9〕爲兩宮皇太后加封徽號〔註10〕等。

　　但朱常洛受神宗疼愛的時間並不長，因爲萬曆十四年（1586）正月初五日，皇三子常洵誕生，〔註11〕神宗關愛轉投注於常洵，並大大慶祝，令戶部：「朕生子喜慶，宮中有賞賚，內庫銀兩缺乏，著戶部取太倉十五萬兩來。」〔註12〕神宗爲慶祝皇三子誕生的一些奢侈作爲，看在大臣眼裏，似乎有意「廢長立幼」，另立常洵爲太子，從而引發了「國本」之爭。

　　最早向神宗提出「國本」問題的，爲內閣首輔申時行。上奏〈懇乞宸斷冊立東宮以重國本事〉，建議「蚤建太子」。〔註13〕申時行之所以選在皇三子滿月後上疏，顯然是擔心神宗會「廢長立幼」，但他並未直說，只盼神宗早早立皇長子爲太子。惟神宗未採納其意見，並回覆：「卿等以冊立元子請，朕見嬰弱，稍俟二、三年舉行。」〔註14〕申時行等人並不因此作罷，繼續力爭，然而神宗依舊不予理會，於是引起朝臣的猜測，如：姜應麟、沈璟等人更上疏直問，神宗一怒之下，將二人降調，並且對國本做了說明：

> 立儲以長幼爲序，祖宗家法，萬世當遵，朕仰奉成憲，俯察輿情，豈肯以私意，違拂公論，姜應麟以舍長立幼爲疑，置朕於有過之地，特降處示懲，非爲奏請冊立之故。國本有歸，朕已明白曉示，待期舉行，各官宜體朕意，不許妄疑瀆擾。〔註15〕

閣臣對於神宗「立儲以長幼爲序」的說法，不勝欣慰，奏言：「皇上聖智如神，

〔註7〕《明神宗實錄》卷122，頁3b，萬曆十年三月甲子條。
〔註8〕《萬曆起居注》，頁246，萬曆十年八月十一日丙申條。
〔註9〕有關特赦的條文，參見《明神宗實錄》卷128，頁2a〜7a，萬曆十年九月辛酉條。或《萬曆起居注》二冊，頁254〜268，九月六日辛酉條。
〔註10〕神宗在萬曆十年九月甲子、乙丑，分別爲嫡母、生母加徽號，參見《明神宗實錄》卷128，頁7b〜8b。或《萬曆起居注》二冊，頁268〜271。
〔註11〕《萬曆起居注》二冊，頁602，萬曆十四年正月五日庚子條。
〔註12〕神宗原本要求要二十萬兩，後來與輔臣討價還價之後，才改支領十五萬兩。見《萬曆起居注》二冊，頁604，萬曆十四年正月七日壬寅條。
〔註13〕有關申時行的奏文內容，見前書，頁613〜615，萬曆十四年二月三日戊辰條。
〔註14〕同前註。
〔註15〕《萬曆起居注》二冊，頁619，萬曆十四年二月十二日丁丑條。

睿謀獨斷慎重，國家之大本，率循祖宗之舊章，睹綸音之屢頒，知聖志之堅定，敷宣德意，盡釋群疑。」〔註16〕其實群臣也知道神宗的宣示未必代表他的真心話，只因「祖宗家法，萬世當遵」，「豈肯以私意違拂公論？」若能憑「私意」行事，他未必想立皇長子為太子的。在找不出可以解困的方法時，只好繼續拖延。之後，又有刑部山西主事孫如法上疏，重提立儲之事，但是措詞甚為激烈，語涉宮闈之事，神宗一看，更加惱怒，申斥曰：

> 立儲定序，已屢頒明示，孫如法不係言官，如何出位瀆擾救護！宮闈事體，彼何由知？好生狂躁。本當重處，姑降極邊雜職。再有妄言者，重治如法。〔註17〕

因而貶孫如法為廣東潮陽縣典史添注。

明神宗對姜應麟、沈璟、孫如法等人的處罰，雖然暫時壓制輿論的反彈，但並未能平息輿情，大理寺左評事雒于仁甚至上疏，認為神宗患了「酒色財氣」之病，引起神宗震怒，〔註18〕為了雒于仁的奏疏，神宗在萬曆十八年（1590）元旦，即把申時行、許國、王錫爵、王家屏等輔臣召至毓德宮，商談如何處置，申時行建議留中不發。神宗表示首肯。不過也因這次對談的機會，神宗安排閣臣與皇長子朱常洛與皇三子朱常洵見面。神宗手引皇長子轉向光亮的地方，讓申時行等人詳細端看常洛的樣子。他對閣臣說：「皇長子比前也覺長發了，只是略弱些。」而對常洵則更為操心，因為「尚不能離乳母，且數病。」申時行等人藉此重提立儲、豫教之事，但不為神宗所接受。〔註19〕

這是君臣之間，面對立儲問題最深入的交談。從此次對話中，得知神宗依然堅持己見，不急於冊立東宮。他的理由依舊是「長子猶弱」，但明顯的是皇三子猶弱，而非皇長子。當申時行等人提到皇長子應該早點讀書就學時，不免勾起神宗的回憶，得意自己五歲時就能讀書，同時又聯想到五歲的常洵體弱多病，語中帶有一絲惋惜，似乎比較關心他。不過，從神宗手牽皇長子的行為來看，他對常洛，仍有一份疼愛，只是由於立「國本」的政治問題，讓神宗所流露出的「父愛」似變得有些扭曲，連帶也不讓兒子講讀。

申時行等人以為神宗似有豫教長子的意思，而且從他的觀察中，皇長子

〔註16〕同前註。

〔註17〕《明神宗實錄》，卷171，頁9b，萬曆十四年二月甲申條。

〔註18〕有關雒于仁的奏疏內容，見《明神宗實錄》，卷218，頁9a～10b，萬曆十七年十二月甲午條。

〔註19〕詳見《明神宗實錄》，卷219，頁1a～4b，萬曆十八年正月甲辰條。

並非「儒弱」，於是翌日上疏：

> 昨蒙皇上召見，臣等於毓德宮，天語春溫，聖容開霽，皇上一言，
> 如鑴金石，臣等一見，如睹日星，宗社大計，須臾立決，臣等伏見
> 皇長子年齡已茂，氣體已充，正當就傅之時，乞皇上亟下明詔，以
> 今春舉行冊立大典，及出閣諸禮，又見皇子並侍膝前，未有章服，
> 此皆立號未正，等威未隆，乞于皇長子冊立之日，並皇三子一並冊
> 封。〔註20〕

疏上之後，神宗的回覆是：「昨已命卿等自見，外雖岐嶷，內本質弱，豫教已
知，冊立候旨行，不必再煩擾，以間天性。」〔註21〕顯然神宗強詞奪理，分
明不想立常洛為太子。但群臣仍據理力爭，陸續上疏，尤其在十月時，掀起
另一波高潮。〔註22〕君臣之間，為「國本」問題，爭執不已，甚至使得申時
行、許國、王家屏等閣臣陸續去職。

　到了萬曆二十一年（1593），神宗要當時告假在家的王錫爵擔任元輔，而
王錫爵首先要面對的，依舊是立儲問題。他寫了一道密揭給神宗，商議此事。
神宗看完後，親自寫上諭，叫人送去王錫爵的家裏，提出「三王並封」的構
想，〔註23〕所謂「三王並封」即暫時將皇長子、三子、五子一併封王，以「待
嫡」，等候皇后生子，實際上就是不想讓皇長子被冊立為皇太子。王錫爵左右
為難，假使附和皇帝的意見，必會遭輿論攻之；附和群臣的意思，神宗必定
不悅。而申時行、王家屏均因立儲的問題而下台，殷鑑不遠。因此他代神宗
草擬了兩種方案，第一方案，就是「三王並封」，第二方案，即請皇長子拜皇
后為嫡母，再行冊立。並叮嚀神宗：

> 擬傳帖二道，以憑聖明採擇施行，然尚望皇上三思，臣言畢竟俯從
> 後者，可以曲全恩義，鎮服人心耳。至於並封一說，縱欲權行，亦
> 必須於諭旨中，明白說定，立嫡立長將來斷無改移之意，則臣庶乎
> 可以擔當。〔註24〕

〔註20〕《明神宗實錄》，卷219，頁4b～5a，萬曆十八年正月丙午條。
〔註21〕同前註，頁5a。
〔註22〕包括輔臣申時行、王錫爵、許國；吏部尚書宋纁、禮部尚書于慎行、外戚鄭
　　　　國泰……等。可參見《國榷》，卷75，萬曆十八年十月丁丑、己卯、丁亥、戊
　　　　子、己丑、庚寅、辛卯，頁4637～4638。
〔註23〕參見《萬曆起居注》四冊，頁191～195，萬曆二十一年正月二十二日丁丑條。
〔註24〕《萬曆起居注》四冊，頁198，萬曆二十一年正月二十二日丁丑條。

　　同列的輔臣，趙志皋、張位都不知此事。而神宗則採取第一方案，向禮部發出「三王並封」的諭旨，終於造成廷臣的大反彈。光祿寺丞朱維京，刑科給事中王如堅、禮部儀制司主事張納陛、吏部員外郎顧憲成、工部都水司主事岳元聲、光祿寺少卿涂杰、光祿寺丞王學曾、禮部儀制司郎中于孔兼、禮部尚書羅萬化、翰林院編修周應賓等人，都力爭「三王並封」不可。有人以從當今皇太后爲例，說明無「待嫡」之例：

> 昔年皇上正位東宮，年甫六歲，比時仁聖皇太后方在盛年，穆宗莊皇帝曾不少待，豈薄於夫婦之倫哉？所重在宗社，故所急在立儲，此皇上親身目擊之事，今豈不在記憶中乎？〔註25〕

有人從各朝各代並無此一制度論說：

> 聖諭謂立嫡爲祖訓，誠然，臣聞立嗣之道，以嫡以長，此不但我朝祖訓爲然，唐虞三代以來，有道之君，孰能外之，但謂少遲冊立，以待中宮之生嫡，則祖宗以來，實無此制，臣萬萬不敢以爲然。〔註26〕

　　在一片輿論攻擊中，矛頭紛紛指向王錫爵，其中岳元聲的責難，最使王錫爵啞口無言；此外，庶吉士李騰芳，以及王錫爵的門生故吏錢允元、王就學相繼規勸，讓王錫爵決定說服神宗收回「三王並封」的決定。神宗最後妥協收回成命，但仍堅持「待嫡」，不願立儲。此事之後，王錫爵仍不時利用機會，向神宗爭取讓皇長子出閣豫教的機會，終於獲得神宗首肯，萬曆二十二年（1594）二月，皇長子終於出閣講學。

　　由於皇長子出閣講學，使得「國本」之爭，稍見緩和。但仍有士大夫上奏立儲；此外，因爲皇長子朱常洛這時已到適婚年齡，亦有人提到舉行冠婚禮。只是這些建議，仍不爲神宗所動。

　　萬曆二十六年（1598）年五月，一本嘲諷朝廷有易儲可能的《憂危竑議》冊子流傳於民間，輿論暗潮洶湧；就在此時，神宗忽然傳諭內閣，待新宮落成，〔註27〕就舉行皇長子冠婚禮。〔註28〕但十一月又改口要等皇三子、皇五

〔註25〕于孔兼，〈建儲有旨聖諭儵更乞行前旨以安人心疏〉，《萬曆疏鈔・國本類》，頁46b～47a。

〔註26〕朱維京，〈三王并封關係宗社安危甚大乞遵祖制亟舉冊立大典以光聖德疏〉，《萬曆疏鈔・國本類》，頁49b～50a。

〔註27〕萬曆二十五年（1597）皇極、中極、建極三殿大火，文昭、武成二閣同時化爲灰燼。

子年歲稍長，再一起冊立東宮與分封親王，〔註29〕故立儲之事，又告拖延。然而一年後，神宗仍毫無動靜。顯然神宗當初要為皇長子舉行冠婚禮，只為壓住外界的流言。

神宗於萬曆二十八年（1600）三月表態，指出因皇長子原來住的地方狹小，要等他移居到目前正在整修中的慈慶宮後，就可舉行大典。〔註30〕然而萬曆二十九年（1601）二月，皇長子已遷至慈慶宮，神宗仍無動靜。到了八月，次輔沈一貫再次上疏，不像一般言官，直指神宗之失，而是站在神宗的立場論事，使神宗龍心大悅，一度下詔舉行冊立太子大典，旋即反悔，沈一貫拒絕再延期，封還神宗的聖諭。神宗終於同意冊立皇太子。〔註31〕「國本」爭議，至此才暫告平息。

神宗最後會冊立東宮，不再拖延，除了大臣的催促外，也與她的生母李太后，多少有些關聯。雖然雒于仁指神宗是好「酒色財氣」的君主，但他事母至孝，大臣看出這一點，就勸諫神宗早立太子，讓皇太后歡喜。例如：萬曆二十八年（1600）三月，神宗在一道給禮部的敕諭中提到李太后很關心她的皇長孫，他說：「體奉聖母慈訓，屢有諭旨，申明朕以元子冊立冠婚典禮重大。」〔註32〕所謂「屢有諭旨」〔註33〕正反映出，太后也不止一次對立儲表示過意見。因此日後群臣在勸說神宗時，就多添幾筆太后可能的感受，例如：萬曆廿九年（1601），禮部侍郎馮琦上奏：

> 皇上試推九廟之心，而禮可速舉也。父母之愛子也，又愛其子之子，
> 皇太后自含飴弄孫以來，日日盼盼焉，望其成立也，冠禮行始勝衣
> 冠矣，婚禮行始望似續矣，子以及子鴻儀快睹於東朝，孫復生孫燕
> 喜倍增於長樂，皇上試推皇太后之心，而禮可速舉也。〔註34〕

〔註28〕 參見《明神宗實錄》，卷322，頁4b，萬曆二十六年五月庚子條；《萬曆邸鈔》，萬曆二十六年戊戌卷，頁1132～1133。

〔註29〕 參見《萬曆邸鈔》，萬曆二十六年戊戌卷，頁1146～1147。《明神宗實錄》，卷328，頁5a～5b，萬曆二十六年十一月戊申條。

〔註30〕 參見《明神宗實錄》，卷345，頁12b，萬曆二十八年三月己巳條。

〔註31〕 參見《明神宗實錄》，卷364，頁5a～5b，萬曆二十九年十月己卯條。

〔註32〕 《明神宗實錄》，卷345，頁12b，萬曆二十八年三月己巳條。

〔註33〕 原書載「慶有諭旨」有誤，據《明神宗實錄校刊記》，總頁1463，核對「抱經樓本」，認為應該是「屢有諭旨」。

〔註34〕 馮琦，〈三陽屆節三禮屆期乞蚤舉以隆宗社大慶疏〉，《萬曆疏鈔‧國本類》，頁77b。

而次輔沈一貫更是瞭解這個道理，再上疏道：

> 皇上孝奉聖母，朝夕起居，集九御之朝，竭四海之奉，推念眞情，
> 不如早遂含飴弄曾孫之爲歡，然則此一禮也，上體聖母子情，下體
> 皇長子之情，宜不崇朝而舉矣。〔註35〕

一時感動神宗，決定冊立皇太子。由此可知李太后相當維護長孫地位，而且在日後的「福王之國」問題上，扮演關鍵性的角色，才使得皇太子無後顧之憂。（詳見第三章）

綜觀上述，可知「定國本」對帝制國家是一件非常重要的大事，因爲「太子，天下本。大本未定，天下皆爲引領，朝廷四方之極，名號所出，天下所爲具瞻。」〔註36〕而且「自古以來皆以建儲之禮，爲宗社之大慶，錫胤之祥。」〔註37〕對於皇權的延續、國家的前途，具有相當大的意義，因此士大夫爲冊立皇儲，不惜與神宗對立。從諸多廷臣的論述，可歸納出其對「國本」執著的因素如下：

一、重視名分

神宗緩立太子之所以被指爲「輕國本，紊名分，壞祖宗家法，遺子孫隱憂。」〔註38〕正反映出士大夫對於禮法遭破壞的憂心，光祿寺寺丞朱維京就說：

> 禮莫大於分，分莫大於名，是以聖人爲政，必先正名者，誠有見
> 於禮樂刑法之所攸關，而後世忠臣義士捐生冒險以爭區區名號
> 一、二字之間，亦以三綱五常非名不立，百官萬姓，非名不治，
> 奇禍隱憂，非名不弭。今也，分封之典，三王並舉，則冠服宮室
> 混而無別；車馬儀仗，雜而無章，府僚庶案，同而無辨。震位爲
> 之久虛，王爵懸於莫屬，名分不正，猜望愈多，天下可憂可慮之
> 事，種種在此。〔註39〕

強調了名分確立的重要性；而「三王並封」反使名分不正，無從辨別，擾亂禮制，因此唯有儘快立儲，才能解除危機。

〔註35〕沈一貫，〈請舉大典聖諭揭帖〉，《敬事草略》（明刊本，日本內閣文庫藏，國家圖書館影造本），卷10，頁5b～6a。

〔註36〕孫如法，〈儲位尚虛乞正名定分以安人心疏〉，《萬曆疏鈔‧國本類》，頁2a。

〔註37〕于愼行，〈自陳典禮失職乞賜罷斥以明分義疏〉，《萬曆疏鈔‧國本類》，頁36a。

〔註38〕史孟麟，〈恭撰條議以便聖覽疏〉，《萬曆疏鈔‧國本類》，頁58b。

〔註39〕朱維京，〈三王并封關係宗社安危甚大乞遵祖制亟舉冊立大典以光聖德疏〉，《萬曆疏鈔‧國本類》，頁51a～51b。

此外，「待嫡」只是神宗另一種拖延戰術，因為神宗若是以皇后為念，何以過去不曾提及，現在才有這番說辭。況且，「有嫡立嫡，不聞無嫡而待嫡；無嫡立長，不聞有長而虛長。」〔註40〕再從禮制來看，「禮有輕有重，立長為重，則待嫡為輕。孟子論禮，而以寸木岑樓較本與末。若舍冊立之大典，而創分封之暫規，是不揣其本，而齊其末也。」〔註41〕由此可知，「立長」比「待嫡」更合乎禮制，而「待嫡」只不過是「捨本逐末」之舉。

因此我們可以瞭解立「國本」是禮法中的重要一環，「禮」是當時上下階層的行為規範，而名分的確立，才能表現應有的禮制與尊卑，不致僭越，否則「名不正，則言不順，言不順，則事不成。」〔註42〕而士大夫所爭的「國本」，就是要讓皇長子能夠「名正言順」成為皇儲，符合儀制法度。

二、儲位未定的不良影響

自古以來，皇帝駕崩時，如事前已冊封太子，在繼承的過程上，比較順利；如果未立東宮，便會有許多問題產生，小則使國家元氣中挫，大則導致亡國。例如：秦始皇因為不早立太子，到病危時才命宦官趙高通知長子扶蘇繼位，卻被趙高矯旨，賜扶蘇死，改立胡亥。至於更易太子之舉，更容易使國家發生危亂，這種例子非常多，便成為明臣疏諫神宗所舉的借鏡。〔註43〕

用心良苦的廷臣，在引用典故時，背後還隱含更深的期許，如史孟麟藉漢高祖劉邦欲更易太子引起叔孫通勸諫之事說明，叔孫通說：

> 昔者晉獻公以驪姬之故廢太子，立奚齊，晉國亂者數十年，為天下笑。秦以不蚤定扶蘇，令趙高得以詐立胡亥，自使滅祀，此陛下所親見。今太子仁孝，天下皆聞之；呂后與陛下攻苦食啖，其可背哉！

〔註40〕史孟麟，〈恭撰條議以便聖覽疏〉，《萬曆疏鈔·國本類》，頁 59a。

〔註41〕涂杰、王學曾，〈虛心議禮以定冊立大典疏〉，《萬曆疏鈔·國本類》，頁 68a～68b。

〔註42〕《論語注疏》（台北：藝文印書館，重刊宋本十三經注疏，1960 年），〈子路篇〉，第 13，頁 2a。

〔註43〕例如史孟麟在〈恭撰條議以便聖覽疏〉曾指出：「凡子皆太子矣，寧保無詐稱遺詔，更為賜書，如趙高之禍秦者乎。寧保無貪立幼年禁中定策，如閻顯之禍漢者乎。寧保無積愛成嫌，投懷希寵睍睨儲位，如魏王泰之伺承乾乎。寧保無秘語石售，搆獄株連危言惑上，如李林甫之誤玄宗乎。寧保無片紙出宮中，乘其倉猝援立所厚善，如司馬光之所慮者乎。寧保無群小窺伺耳，屬於垣樹功藩邸，如李泌之所懼者乎。有一於此，誰任其咎。」見《萬曆疏鈔·國本類》，頁 61b。

陛下必欲廢適而立少，臣願先伏誅，以頸血汙地。〔註44〕

劉邦看他如此嚴肅，便推說：「公罷矣，吾直戲耳。」但叔孫通則認為「太子，天下本，本一搖，天下振蕩，奈何以天下為戲。」〔註45〕叔孫通的這段話，正代表著史孟麟所要表達的心聲，他希望神宗能像漢高祖一樣，取消更易的念頭。奈何神宗雖懂道理，但不願正視問題。

三、明朝均早立太子

大體而言，明朝的皇太子受冊封時，多尚在幼年，甚至仍在襁褓之中，奏疏最常以此為例，如申時行就說：

查得祖宗朝故事，宣宗以宣德三年立英宗為皇太子，時年二歲；憲宗以成化十一年立孝宗為皇太子，時年六歲；孝宗以弘治五年立武宗為皇太子，尚未週歲也。〔註46〕

顯然神宗以前諸帝大都很早就重視立太子的問題。

比較特別的一例，為明穆宗（朱載垕）並未被世宗立為太子，而是以裕王身分繼位的。神宗欲援引世宗之例，熟讀史書的大臣豈容斷章取義，因為世宗在嘉靖十八年（1539）二月，就立皇子載壑為皇太子，封載垕為裕王，載圳為景王，當時皇太子只有四歲。然而嘉靖二十八年（1549），皇太子薨，傷心之餘，世宗聽信道士陶仲文的話，謂「二王不相見」，繼任者才不會折壽，因此世宗晚年諱言建儲，〔註47〕不過他心中已有定見，裕王就是皇儲，且其弟景王就國不久之後就死了，裕王更是唯一接班人。由此可知世宗「立太子於初年，非晚年而猶不立也。」〔註48〕

總之，明朝君主有早立太子的慣例，而且愈早愈好，神宗欲打破這樣的慣例，為朝臣所無法接受。

四、太子教育的重要性

中國自先秦時期，就相當注重君主的教育，惟理論的提出，則始於漢初，

〔註44〕參見司馬遷，《史記》（台北：鼎文書局，1977年），卷99，〈叔孫通傳〉，頁2725。
〔註45〕同前註。
〔註46〕《明神宗實錄》，卷171，頁2b，萬曆十四年二月戊辰條。
〔註47〕嘉靖末年，海瑞曾疏諫世宗，其中就提到世宗過於寵信陶仲文，並認為「二王不相見，人以為薄於父子。」參見《明史》，卷226，〈海瑞傳〉，頁5928～5930。
〔註48〕史孟麟，前揭文，頁58b～59a。

儒者將其理想託諸周代，置君主教育的重點於太子。〔註49〕漢初賈誼曾說：「天下之命，懸於太子，太子之善，在於早諭教。」〔註50〕因此歷代對儲君的教育都很重視，明朝前期諸帝亦是如此，尤其到了英宗天順二年（1458），定東宮出閣講學儀，〔註51〕使皇太子的教育，有更完整的禮儀程序與紮實的學習。

　　當時士大夫的觀念，認為皇子愈早諭教，學識、品性愈能受到良好的薰陶，就不會受到外界影響。萬曆二十年（1592），李獻可上疏言：

> 皇長子今年已十一歲，去古人八歲始學之期，已踰三過，此則入大
> 學時也。設或蒙養之道，尚有未端，則作聖之功，將何所頓。蓋人
> 之幼也，志慮方新，情竇未啓，日以正言正事教之，使之盈耳滿腹，
> 則薰陶既久，自與性生不殊；若及其既長，則私昵偏好，潛滋於中，
> 眾欲群咻交攻於外，雖欲以正導之，必不入矣。此大學之教以預為
> 先，臣等之所望於皇嗣者，今日為尤切也。〔註52〕

並提及宣宗、孝宗都九歲出閣講學，而「我皇上以沖年踐祚，講習最勤，故以能聖德神功，遠邁千古。」〔註53〕雖然與事實對照，這番話實在有些諷刺，但仍可看出皇子教育的重要性。

　　因此儘管神宗拖延不肯立儲，但在王錫爵等臣子的堅持下，神宗也不得不讓皇長子先行出閣講學。值得注意的是，「出閣豫教」為東宮講學的儀式，因此，儘管皇長子未被冊封為太子，但朝臣希望藉著這樣的儀式，凸顯皇長子與其他皇子身分有所不同。

五、士大夫的責任感

　　士大夫在「國本」爭議中，表現得出如此主動、勇敢，就在其責任感。王錫爵說：「國家之事，人君事事可以獨斷，惟冊立慶典，則前代皆以天子謙讓，臣下固請而後從。」〔註54〕因為立儲之事，非國君一家私事，而是宗廟社稷之大計，士大夫必須有所執著。而且深受國恩，豈可坐視不管，畢竟立

〔註49〕朱鴻，〈君儲聖王・以道正格——歷代的君主教育〉，《立國的宏規》（台北：聯經出版事業公司，1982 年），頁 452。

〔註50〕賈誼，《賈子新書》（台北：臺灣商務印書館，1968 年），卷上，〈保傅〉，頁 29a。

〔註51〕參見《明史》，卷 55，〈禮九・東宮出閣講學儀〉，頁 1408。

〔註52〕李獻可，〈泰序方新儲教宜預乞端國本以慰人心疏〉，《萬曆疏鈔・國本類》，頁 16a～16b。

〔註53〕同前註，頁 17a。

〔註54〕《明神宗實錄》，卷 228，頁 7b，萬曆十八年十月乙丑條。

儲「乃祖宗億萬年之統緒，臣民億萬年之根本，國祚安危之所關，君德隆污之所係，若束手坐視，械口無言，不惟得罪於皇上，抑且得罪於祖宗，得罪於萬世矣。」〔註55〕

國本未定，朝臣深覺對不起天下人，此時若不能匡正違失，阿諛取容，更爲士大夫所不齒。王家屏說：

> 臣身處尊官，家享厚祿，主德怒違，而莫之救正；刑政壞亂，而罔克匡維，此可謂之不希名之臣矣，而國家將奚賴焉。更使臣棄名不顧，將逢迎爲悦，阿諛取容，雖許敬宗、李林甫之姦佞，無不可爲，是九廟神靈所陰殛，天下萬世所唾罵也。〔註56〕

在士大夫眼中，倡議立儲亦是其責任之一，尤其身爲閣臣，更當負責。而且過去一些不敢勇於指正君主過錯的大臣，爲後世唾罵的例子，使朝臣更加警惕，光祿寺寺臣朱維京就舉宋朝「賢相」王旦，只因未向宋眞宗諫天書，就被比喻爲五代時的馮道；更何況隋煬帝時的楊素、唐高宗時的李勣，因不糾舉帝王之誤，導致隋朝的滅亡、武后的專政。士大夫若不想污名留世的話，就必須挺身直言。〔註57〕

不可否認的是，有些朝臣沽名釣譽，藉著被貶被罰，聲名大噪。另一方面反對「三王並封」的顧憲成、錢一本、史孟麟等人，都是後來重建東林書院的核心人物，其黜謫皆與「國本」之爭有直接或間接關係，〔註58〕可見當時黨爭的形式，已漸漸浮現。不過，在「國本」未定之前，朝臣並未因對冊立一事主張不同而區分朋黨，即使被批評的首輔申時行、王錫爵、沈一貫，對於此一問題的態度，也不能說與朝臣全然對立。〔註59〕所以大體而言，晚明的士大夫，雖然肯定皇權的尊嚴，但是君主若違典亂常，士大夫就必須表達反對意見，以善盡悍衛典制綱常的責任。

〔註55〕于愼行，〈請立東宮疏〉，《萬曆疏鈔・國本類》，頁 44b～45a。

〔註56〕王家屏，〈乞罷歸以全臣節疏・第二疏〉，《萬曆疏鈔・國本類》，頁 23a。

〔註57〕朱維京諫言：「昔宋王旦賢相也，因不諫天書一事，史臣至比之馮道，大臣之不可無風節也。如此嗟嗟，楊素、李勣千古罪人，彼其初心，亦豈不知有公議，惟其容悦患失之心勝，是以不能自持。」見〈三王并封關係宗社安危甚大乞遵祖制亟舉冊立大典，以光聖德疏〉，《萬曆疏鈔・國本類》，頁 52b～53a。

〔註58〕林麗月，〈明末東林運動新探〉，1984 年 7 月，頁 75。

〔註59〕同前註，頁 76。

第二節 神宗緩立太子與鄭貴妃的關係

在明代士大夫的觀念中，名分的確立與皇子教育是非常重要的大事，而且明朝原本就有早立太子的慣例，加上前代君位繼承問題引起動亂的教訓，使得具有責任感的士大夫，為了宗廟社稷，群起反對神宗緩立太子。神宗亦相當明瞭士大夫的心意，但遲遲不立儲，究竟原因為何？當時朝野都懷疑與神宗寵愛鄭貴妃有關。

在明神宗所有的后妃之中，真正讓他喜愛的嬪妃為鄭氏。據《勝朝彤史拾遺》、《明宮詞》的描述，鄭氏之所以入宮，乃因萬曆六年（1578）時，神宗欲擇皇后，民間俗稱「大婚」（又稱「官婚」），不過大家對此事，避之唯恐不及，畢竟入宮之後，除了幾位能得寵者，其他只能獨守宮中，與父母隔絕，因此百姓忙著嫁娶。鄭氏原本許配給鄰家之子，但因對方未備聘禮，鄭家不肯讓男方迎娶，兩家因而爭吵。此時鄭氏靠在門口哭泣，恰好宦官經過，見鄭氏甚美，便將她引入宮中。〔註60〕這故事反映民間對於嫁女入宮的恐懼，〔註61〕至於故事的真實性，則頗令人懷疑。因為據《明神宗實錄》的記載，萬曆十年（1582）神宗冊封九嬪的次日，就封九嬪的親人為正千戶錦衣衛帶俸，鄭氏之父鄭承憲亦為其中之一名，〔註62〕由此可知，鄭氏應是在萬曆九年（1581）年底到萬曆十年（1582）年初之間入宮的。

淑嬪鄭氏於萬曆十一年（1583）八月，與宮人常氏同時冊封為德妃、順妃，〔註63〕萬曆十一年（1583），德妃鄭氏生皇二女。〔註64〕次日，神宗「以皇女生，賜元輔申時行紅雲紵絲二疋，銀抹金腳花二枝；次輔余有丁、許國

〔註60〕 參見毛奇齡撰，《勝朝彤史拾遺》，卷5，頁182；或程嗣章，《明宮詞》，頁231。二書皆出自於《皇明帝后紀略》，明代傳記叢刊070（台北：明文書局，1991年）。

〔註61〕 民間對朝廷的選宮人、嬪妃之舉，避之不及，例如：萬曆十九年（1591）神宗曾經諭選宮人三百名，但「民間始而巧避者多方，繼而子母相繼者接踵。」（見《萬曆邸鈔》，萬曆十九年辛卯卷，頁545。）可見民間百姓不願將女兒嫁入皇門。這恐怕為明太祖始料未及，因為「慎選良家子女」的結果，竟是「擾民」！

〔註62〕 《明神宗實錄》，卷122，頁4a，萬曆十年三月乙丑條。載：「端嬪父周清為指揮同知，鄭承憲、王秀、邵名、李士亮、梁順、李山、張榛、魏承志各授正千戶錦衣衛帶俸。」而《明史》，卷300，〈外戚傳〉，頁7681。載：「鄭承憲，神宗鄭貴妃父也。」可見淑嬪鄭氏就是日後的鄭貴妃。

〔註63〕 《明神宗實錄》，卷140，頁4a～4b，萬曆十一年八月丙辰條。

〔註64〕 《明神宗實錄》，卷143，頁9b，萬曆十一年十一月乙巳條。

及講官沈鯉等五員，各紅紵絲一疋、銀腳花一枝。」〔註65〕這種做法，已不太尋常，到了萬曆十二年（1584）八月，冊封德妃鄭氏爲貴妃。〔註66〕

按明代後宮制度，「內廷嬪御，尊稱至貴妃」，〔註67〕鄭貴妃能這樣受到皇上的恩寵，是相當罕見的，因爲從洪武朝到萬曆朝，得此號者僅十六人，其中還有兩人是死後追贈的。〔註68〕萬曆十四年（1586）鄭貴妃生下皇三子常洵，龍心大悅，同年三月，即晉封爲皇貴妃。〔註69〕從此鄭貴妃的地位僅次於王皇后，而高於皇長子之母——恭妃。顯示神宗對她眷愛備至。

一、君臣之間的爭議人物——鄭貴妃

如果鄭貴妃的受寵，對後宮的影響，只是使其他的后妃受到冷落，則或許不足爲奇。但由於鄭貴妃與神宗緩立太子有相當的關係，使重視禮教倫常的士大夫，深不以爲然，因此萬曆君臣之間「國本」爭議的焦點，就在於她是否慫恿神宗易儲。

最先挑起這場戰火是戶科給事中姜應麟，他在萬曆十四年（1586）二月，對於要冊封鄭貴妃爲皇貴妃之事，首先抗疏曰：

> 恭睹聖諭，貴妃鄭氏著進封皇貴妃，臣愚竊謂：禮貴別嫌，事當愼始。貴妃以孕育蒙恩，豈曰不宜？但名號大崇，亦所宜慮，貴妃雖賢，所生固皇上第三子也，猶然亞位中宮，則恭妃誕育元嗣，主鬯承祧，乃其發祥，顧當翻令居下耶？揆之倫理則不順，質之人心則不安，傳之天下萬世則不典（與），非所以重儲貳，定眾志也。伏乞皇上，俯從末議，收回成命，以協輿情。其或情不容已，勢不可回，則願首冊恭妃爲皇貴妃，次及貴妃，兩典一時不妨并舉，則禮既不違，情亦不廢，長幼之分明，而本支之義得矣。抑臣之所議者末也，未及其本也。皇上誠欲正名定分，別嫌明微，莫若俯從閣臣之請，冊立元嗣爲東宮，以定天下之本，則臣民之望慰，而宗社之慶長矣。〔註70〕

〔註65〕 《明神宗實錄》卷143，頁9b～10a，萬曆十一年十一月丙午條。
〔註66〕 參見《明神宗實錄》卷152，頁1b～2a，萬曆十二年八月庚戌條。
〔註67〕 沈德符，《萬曆野獲編》（台北：偉文圖書出版有限公司，1976年），卷3，〈列朝貴妃姓氏〉，頁193。
〔註68〕 同前註，頁194。原文：「得此號者僅十六位，內二位猶非生拜。」
〔註69〕 參見《明神宗實錄》，卷172，頁1a～1b，萬曆十四年三月丁酉條。
〔註70〕 《明神宗實錄》，卷171，頁5b～6a，萬曆十四年二月癸酉條。

姜應麟疏中並未指責鄭貴妃，他所要求的只是為恭妃先爭取到皇貴妃名分，如此才能確保皇長子的地位。可是在神宗的眼中，這份奏疏就是衝著鄭貴妃而來，因此相當不悅，認為：「冊封貴妃，初非為東宮起見，科臣奈何訕朕！」想到這裏，不禁發怒，並批示：

> 這冊封事，非為儲貳，因其敬奉勤勞，特加奇封，立儲自有長幼，姜應麟這廝，心懷別故，窺探上意，疑君賣直，好生無禮，著降雜職於極邊，該部不許朦朧陞用。〔註71〕

姜應麟因而被貶為山西廣昌縣典史。〔註72〕這樣的處置，正顯示神宗護妃心切。次日，吏部驗封司員外郎沈璟亦論疏此事，當然又惹惱了神宗，批示：「已有旨了，這廝如何又來瀆奏，姑降三級調用」，〔註73〕謫為行人司司正。〔註74〕然而姜、沈的被貶，引起科道官員紛紛上疏援救，造成輿論壓力，神宗在和內閣論及此事時辯駁：

> 科道救姜應麟、沈璟，朕之降處，非為冊封；惡其疑朕立幼廢長，揣摩上意，朕思我朝主儲，自有成憲，豈能私己意，以壞公論，彼意置朕不善之地。故有是處。〔註75〕

但這種解釋，仍讓群臣懷疑，〔註76〕刑部山西主事孫如法，就根據神宗「敬奉勤勞」的說法，質疑為何對鄭貴妃、與恭妃有兩種不平等的待遇：

> 恭妃王氏，誕育元嗣，已及五年，是固左右宸居，朝夕奉御者也，豈毫無敬奉之勞？而未聞奇封之典。貴妃鄭氏敬奉勤勞，積有月日固然，而何其一生皇太子，即有皇貴妃之封也，奇封之典，貴妃能得之於皇子方生之日，而恭妃不能得於五年敬奉之久，此天下不能無疑也。〔註77〕

而且神宗認為「子顯母貴」，等冊立元子之後，自然就會冊封其母，所以不願

〔註71〕《萬曆邸鈔》（台北：古亭書屋，1968年），萬曆十四年丙戌卷，頁316。

〔註72〕《明神宗實錄》，卷171，頁6a，萬曆十四年二月癸酉條。

〔註73〕引自孫如法：〈儲位尚虛乞正名定分以安人心疏〉，《萬曆疏鈔·國本類》，頁1b。

〔註74〕《明神宗實錄》，卷171，頁6a，萬曆十四年二月甲戌條。

〔註75〕《明神宗實錄》，卷171，頁6b～7a，萬曆十四年二月丁丑條。

〔註76〕談遷在《國榷》卷73中，對群臣的抗疏，評論曰：「升儲之議，閣臣倘移之前歲，力為羽翼，神宗何自而疑之，今鄭氏纔舉子，即交口而請，明示嫌偪，況一倡百和，尋聲相瀆，犯事君之數，竊為申王輩不取也。」

〔註77〕孫如法，〈儲位尚虛乞正名定分以安人心疏〉，《萬曆疏鈔》，國本類，3a。

元子未立，而特加其母。這樣的論調，孫如法亦覺得相當可議：

> 則貴妃所生者乃皇第三子也，何遽於始生之日，而特加其母以奇封乎？況恭妃誕育元嗣，進封乃其固有不能止，貴妃之加封而反靳於恭妃應得之封，何以釋天下之疑也。欲封貴妃不可不並封恭妃，不封恭妃必不可先封貴妃，此自然之理，一定之序。〔註78〕

然而神宗並未因孫如法等人的勸諫，而改變初衷，終於在是年三月初二，正式進封鄭貴妃為皇貴妃。〔註79〕

冊封之後，仍有大臣提出建議。如：河南道御史楊紹程上疏：「皇貴妃位亞於中宮，分為甚尊；恭妃誕育元子，義則至重。其間禮儀相接，名分相臨，或恐有不安者。」神宗當然又雷霆大發，下令奪俸一年，並「戒百官，不得訕君賣直。」〔註80〕此後，關於「國本」的奏疏，均遭貶抑與輕忽，而暫時被壓制下來。

萬曆十七年（1589）十二月，大理寺左評事雒于仁上疏，認為「皇上之病在酒色財氣者也。」〔註81〕在「色」的方面，就提到：「寵鄭妃而冊封偏加，即王妃有育皇冢嗣之功，不得並封。甚則溺愛鄭妃，而惟言是從，儲位應建而久不建。此其病在戀色者也。」〔註82〕

雒于仁除了替恭妃打抱不平外，還直接點出明神宗遲遲不立太子是緣於對鄭貴妃「惟言是從」。但神宗辯稱：「朕只因鄭氏勤勞，朕每至一宮，他必相隨。朝夕間她獨小心侍奉，委的勤勞。」〔註83〕二人恩愛之情，縊於言表。

對於立儲之事，神宗還道：「鄭妃亦再三陳請，恐外間有疑，但長子猶弱，欲候壯健使出就外，才放心。」〔註84〕鄭貴妃是否有真的再三陳請立皇長子為太子，我們不得而知，但神宗的「補充」，具有消除群臣疑慮的目的。可是日後，神宗仍以「長子猶弱」，甚至「待嫡」的理由來延緩皇長子的冊立，「鄭妃亦再三陳請」，就不免讓人懷疑其真偽。因此仍有朝臣陸續上疏，其中還包括鄭貴妃的弟弟鄭國泰。可是神宗依舊沒有任何立儲的動作，因此萬曆十八

〔註78〕 同前註，3a～3b。
〔註79〕 參見《明神宗實錄》卷172，頁1a，萬曆十四年三月丁酉條。
〔註80〕 《明神宗實錄》，卷173，頁10a，萬曆十四年四月戊寅條。
〔註81〕 《明神宗實錄》，卷218，頁9a，萬曆十七年十二月甲午條。
〔註82〕 《萬曆邸鈔》，萬曆十七年己丑卷，頁470。
〔註83〕 《明神宗實錄》，卷219，頁1b，萬曆十八年正月甲辰條。
〔註84〕 《明神宗實錄》，卷219，頁3b，萬曆十八年正月甲辰條。

年（1590）十月，申時行再上〈懇請建儲以定中外人心〉質疑：

> 臣等備員輔弼，竊念當今大計，無如冊立元子，數年以來，章已十數（數十）上矣！雖蒙嘉訥（納），未見舉行，夫祖宗家法，儲位未有不歸元嗣者，皇長子當正儲位，萬萬不可搖動，一也。元旦之辰，皇上親攜元子，令臣等諦觀，又親諭臣等「長幼自有定序」，言猶在耳，皇上豈得失信於天下於臣等，二也。道路訛傳皆謂皇貴妃獨蒙眷注，屬意所生，京師百萬軍民，頗倡後（浮）議，今鄭國泰之疏已票而不行，則外間又生疑議，且以為皇貴妃姑令國泰塞責，皇上姑為皇貴妃解紛，何以杜軍民之口，副四海之心，三也。臣等竊謂祖宗一定之家法，決不可不遵，皇上已出之綸音，決不可不信。皇貴妃未白之心事，決不可不明，皇上何不亟發德音，定明春冊立元子，敕禮部具儀擇日，立決大計，盡釋群疑。〔註85〕

申時行此奏疏，有幾個論述重點：一、皇長子就是正儲，不容更易；二、提醒神宗勿忘過去所說的「長幼自有定序」，不可失信；三、說明外界對鄭貴妃、鄭國泰的懷疑。總之，就是希望皇上趕快冊立皇太子。

疏中最引起神宗注意者在於第三點，因為論及鄭貴妃，而且整個京師都在傳說此事，神宗不得不有所說明。於是神宗又強調皇子體弱，即使皇貴妃請求早定名分，還是再少俟時月。他說：「兩京大小文武，自十四年至於今日，有一年一月一日之不聒激否，蓋此輩心懷無父，志欲求榮。」因此對於有關的陳奏，皆留中不發，至於鄭國泰的奏疏，「朕欲留中，恐卿等不知，故與卿知之，又思我朝戚臣，未敢有言于國政者，而國泰出位妄奏，甚非禮制，朕姑且容之耳。」〔註86〕申時行等人讀了「聖諭」之後，又上疏答辯稱：「國泰乃皇貴妃親弟，豈有反離間自家之骨肉者乎？新進小臣可言圖報求榮，而九卿大臣年皆已長，位皆已尊，更何所扳援求望於後日之榮乎？」〔註87〕由此可知士大夫對鄭國泰的上疏動機，相當懷疑；且關心立儲之事，並非只有沽名釣譽的小臣，內閣、九卿大臣也關心，因為大家對「國本」的重要性有一致的共識。

〔註85〕《明神宗實錄》，卷228，頁5a～5b，萬曆十八年十月丁亥條。
〔註86〕有關神宗的辯白見《明神宗實錄》，卷228，頁5b～6a，萬曆十八年十月丁亥條。
〔註87〕《明神宗實錄》，卷228，頁6b，萬曆十八年十月戊子條。

　　究竟鄭貴妃是否慫恿鄭國泰上疏，很難斷定。但是鄭國泰的舉動卻引起神宗的不悅，因爲鄭國泰應與神宗同一立場才對，現在反而附和群臣，不免覺得鄭國泰有外戚干政之嫌，但神宗顧慮其爲鄭貴妃的家人，姑且寬宥。

　　其實自從神宗專寵鄭貴妃後，基於愛屋及烏的心理，鄭家就受到皇恩雨露的滋潤，家勢逐漸興旺。鄭貴妃的父親鄭承憲，因貴妃的進封升官，初授正千戶錦衣衛帶俸；〔註88〕再升本衛指揮使帶俸；最後授錦衣衛都督同知。〔註89〕鄭承憲也因此愈來愈驕恣，刑科給事中楊文煥，就曾彈劾鄭承憲「恃戚睚肆，毒小民諸不法事。」神宗表面上，訓諭一番：「戚臣受國厚恩，當安分守法，何以輒行橫肆！」但並未深入追究。〔註90〕引起山西道御史陳登雲不滿，上疏請冊立東宮，並追究鄭承憲驕橫之狀。〔註91〕其言：

> 承憲懷禍藏奸，窺覬儲貳。日與貂璫往來，綢繆杯酌，且廣結山人、術士、緇黃之流。曩陛下重懲科場冒籍，承憲妻每揚言事由己發，用以恐喝勛貴，簧鼓朝紳。不但惠安遭其虐焰，即中宮與太后家亦謹避其鋒矣。陛下享國久長，自由敬德所致，而承憲每對人言，以爲不立東宮之效，干擾盛典，蓄隱邪謀，他日何所不至。苟不震（振）奮乾剛（綱），斷以大義，雖日避殿撤樂、素服停刑，恐天心未易格，天變未可弭也。〔註92〕

　　由此可知，鄭家的氣勢甚爲囂張，鄭承憲結交各輩，亦想爲外孫常洵謀東宮之位，其妻不避諱考場冒籍事件，並恐嚇勛貴朝紳。不但地方受其虐害，即使是太后、皇后娘家，都要避其鋒頭。鄭貴妃、鄭承憲得知陳登雲的奏疏內容皆怒，但神宗只將奏疏留中，並未下罪陳登雲。之後，河南大饑，陳登雲上疏求救，神宗立即撥銀賑災（見下章），可見神宗很信任陳登雲，因此，彈劾鄭承憲的說詞，神宗應該是瞭解與默認，只是不想將事情擴大，連累貴妃家人。

　　鄭承憲死後，子鄭國泰請求襲承父職，神宗允之，授爲都指揮使，給事中張希皋言：「都指揮使下都督一等，原係流官，例不承襲，會典昭然，鄭承

〔註88〕《明神宗實錄》，卷122，頁4a，萬曆十年三月乙丑條。
〔註89〕《明史》，卷300，〈外戚傳〉，頁7681。《國榷》，卷75，萬曆十七年四月戊子，頁4603，稱承憲官銜：「錦衣衛都督同知」，《明神宗實錄》，卷210，頁5a，萬曆十七年四月戊子條，總頁3937。稱「帶俸都督同知」。
〔註90〕參見《明神宗實錄》，卷198，頁4a，萬曆十六年五月己酉條。
〔註91〕《明神宗實錄》，卷199，頁2b，萬曆十六年六月庚申條。
〔註92〕《明史》，卷233，〈陳登雲傳〉，頁6072。

憲既居極品，國泰人得崇階，皇貴妃之家如此，則皇后之家人又當何如？」〔註93〕但神宗終不予理會。

　　神宗雖屋烏推愛，拔擢鄭國泰，但對國泰上奏請立皇長子為東宮一事，相當不諒解。而鄭國泰在奏疏中透露了一個訊息：「皇貴妃跪泣而諫之」。〔註94〕原是要強調鄭貴妃無「奪嫡」之心，但為人所懷疑，王錫爵說：「皇貴妃密有贊言，此暗室無影之事，臣等何憑曉諭外庭，亦豈有因此遂解疑息囂之理。」〔註95〕之後，又有于慎行上疏論此事，〔註96〕神宗回覆曰：

> 建儲之事，屢有明旨，如何又來瀆激奏擾，其立序以定已，不知爾等為大臣的，每每催催激早立，但遲亦是立，早亦是立，不知早立何意，遲立何意，不知爾輩心為何使？雖皇貴妃跪泣諍立之言，可不言「牝雞晨鳴，惟家之索」，這立儲之事，還候旨行，不必以煩言間離天性。〔註97〕

神宗將立儲與鄭貴妃的泣諍分為兩件事來談，他對延遲立儲仍舊堅決，但對於鄭氏的泣諫，深怕她被稱為「牝雞晨鳴」，有干政之嫌，因此特別表明立儲之事，決定權操於神宗本身。

　　但是大臣仍有些擔心，陸續上疏，希望神宗避免受到鄭貴妃的影響，儘早果斷冊立皇太子。例如：刑科左給事中史孟麟曾藉宋朝君主諮議立儲之事，提醒神宗：

> 昔宋太宗謀建太子於寇準，對曰：陛下為天下擇君，謀及婦人、中官不可也；謀及廷臣，不可也，唯擇所以副天下望者，太宗首肯。而仁宗立英宗為太子，韓琦力贊不疑，帝竟付中書行，不使宮人與知。願皇上如太宗、仁宗之斷，元輔盡寇準、韓琦之忠，從外廷群臣之望，則宗社幸甚，天下幸甚。〔註98〕

史孟麟藉宋太宗與宋仁宗立太子的處理方式，未讓宮闈女性知道或參與。懇求神宗也能仿效這些君主，防範「牝雞司晨」的情形發生。

　　不過「國本」遲遲未定，則外廷的議論不絕，鄭貴妃「擾亂聖聽」的嫌

〔註93〕《明神宗實錄》，卷210，頁5a，萬曆十七年四月戊子條。
〔註94〕引自于慎行，〈請立東宮疏〉，《萬曆疏鈔‧國本類》，頁33b。
〔註95〕《明神宗實錄》，卷228，頁7b，萬曆十八年十月乙丑條。
〔註96〕參見于慎行，〈請立東宮疏〉，《萬曆疏鈔‧國本類》，頁33b。
〔註97〕同前註，頁35a。
〔註98〕史孟麟，〈恭撰條議以便聖覽疏〉《萬曆疏鈔‧國本類》，頁62b～63b。

疑愈大，對她的批評也愈多。其中又以錢一本的批評最嚴厲，他形容鄭貴妃
「以艷處之褒姒，而爲善譖之驪姬」，〔註99〕這樣狐媚的女性，蠱惑神宗心志，
將冊立太子的日子，一延再延，錢一本憂心認爲：

> 自古人君未有以天下之本爲戲如此者，亦未有王言之如綸如綍，乃
> 展轉靡定，反覆不一如此者。夫匹夫無信不能自立，矧在萬乘，率
> 斯言也，周幽、晉獻之禍可以立睹。〔註100〕

因此，他認爲國本遲遲未定，就是神宗寵愛鄭貴妃，這樣下去，周幽王寵褒
姒、晉獻公寵驪姬，所導致的亂亡，又會重新上演。此外，他也懷疑鄭貴妃
母子的野心，錢氏指出：

> 皇貴妃寵過皇后，其處心積慮，無一日而不萌奪嫡之心，無一日而不
> 思爲援立其子之計，此世皇時之所無也。凡子必依于母，皇元子之母
> 壓於皇貴妃之下，貴賤懸殊，體統迥異，陛下曰：「長幼有序」，皇貴
> 妃曰：「貴賤有等」，倘一日遂其奪嫡之心，不審陛下更何以處，此世
> 皇時之所無也，……今日章服不別，名分不正，弟既憑母之寵，而朝
> 夕近倖，母又覬子之立，而日夜樹功，此世皇時之所無也。〔註101〕

並引用外間的傳聞，反問神宗：

> 傳聞陛下先曾失言於皇貴妃前，皇貴妃執此爲信，以要陛下。如其
> 無此事也，則可如傳聞之言或有影響，及今不爲所制，蠱惑日深一
> 日，剛斷日餒一日，事體日難一日，此世皇時之所無也。〔註102〕

錢一本的用詞雖然略嫌過激，但卻將當時朝野對鄭貴妃的種種疑問，顯露
無遺。因爲鄭貴妃位高於皇長子的母親，又受到神宗的寵愛，很難不讓人揣測
她不替兒子常洵謀位。常洵憑藉母親的受寵，有機會與神宗朝夕相處，神宗難
道不想冊他爲東宮嗎？而外界的傳言，都認爲神宗曾失信於鄭貴妃，致使神宗
不立皇長子爲太子。錢一本對於神宗「以全其衽席昵愛之私」〔註103〕，不以
爲然，因此毫不客氣指責。《明史》便稱：「時廷臣相繼爭國本，惟一本言最戇

〔註99〕《明史》（台北：鼎文書局，1982年），卷231，〈錢一本傳〉，頁6040。
〔註100〕錢一本，〈國本已定復搖直剖愚衷以開悟聖心疏〉，《萬曆疏鈔・國本類》，頁12a。
〔註101〕錢一本，〈國本已定復搖直剖愚衷以開悟聖心疏〉，《萬曆疏鈔・國本類》，頁13b～14a。
〔註102〕同前註，頁14a～14b。
〔註103〕同前註，頁14b。

直。」〔註104〕

　　我們再將過去的奏疏和錢一本疏比較，以前批評鄭貴妃者皆因神宗不冊封恭妃爲皇貴妃；錢氏除了有此論點外，更直斥是鄭貴妃蠱惑聖聽，將之比喻爲褒姒、驪姬。這也反映出錢一本是從傳統的「女禍」思想來評論鄭貴妃，只不過鄭貴妃處於「宮壼肅清」的明代，其影響力不及於褒姒、驪姬。

　　與錢一本嚴厲批判鄭貴妃的情況形成強烈對比的是，閣臣王錫爵對鄭貴妃的同情。皇長子能夠「出閣豫教」，與王錫爵的努力爭取有很大的關係。王錫爵因爲「三王並封」事件大遭物議後，仍希望讓皇長子「出閣豫教」，減輕群臣對他的不滿，因此運用各種說法，盼能說服神宗，或許從過去群臣上奏的經驗中，得知只要提及鄭貴妃之事，神宗多多少少都會有所反應。有次他就提到鄭貴妃的家人：「側聞外間又有一種議論，以錮寵陰謀皆歸之皇貴妃。臣恐鄭氏舉族皆不得安，所憂不但身之不全耳已，臣爲此不覺痛心疾首。」〔註105〕以鄭貴妃的安危，激發神宗的關切，是王錫爵聰明之處，果然神宗寫了一道手札：「昨卿所奏已知，朕覽卿累次揭帖，俱有皇貴妃字，是何說？彼雖屢次進勸，朕亦難允。況祖訓有言：『后妃不干預外事』，豈可輒而聽信！」〔註106〕對於神宗爲鄭貴妃護短，王錫爵再上疏：

> 夫祖訓所謂后妃不預外事者，不預外廷用人行政之事也。若冊立，乃皇上家事，而皇第三子爲皇貴妃親子，皇上家事，不謀之后妃一家之人，而誰謀乎？皇貴妃親子不爲之謀萬世安全之計，而將誰爲（爲誰）乎？且使皇上早定則已矣。一日不定，則一日與皇長子相形者，惟皇貴妃之子，天下不疑皇貴妃而誰疑？皇貴妃不自任以爲己責而誰責？〔註107〕

這幾句話，講得相當坦白，即使鄭貴妃未曾想要神宗立皇三子爲太子，或是她多次「勸諫」神宗早日立常洛爲太子。但立儲之事未定，她就會被懷疑到底。

　　王錫爵最後能夠說服神宗同意讓常洛「出閣豫教」，具有主客觀因素，但值得注意的是：他願意對鄭貴妃，抱以同情的態度，這是他與滿朝士大夫最大的不同點。〔註108〕從當初神宗提出「三王並封」的構想時，他就想到

〔註104〕《明史》，卷231，〈錢一本傳〉，頁6041。
〔註105〕《明神宗實錄》，卷266，頁7a，萬曆二十一年十一月己巳條。
〔註106〕《明神宗實錄》，卷266，頁9a，萬曆二十一年十一月甲戌條。
〔註107〕同前註。
〔註108〕王莉華，〈明代王錫爵研究〉，中國文化大學史學研究碩士論文，1983，頁252

讓皇長子拜皇后爲嫡母，如此「元子即嫡子，而生母不必崇位號以壓皇貴妃。」
〔註109〕隨時顧慮維護鄭貴妃的尊貴。因此在談出閣豫教之事時，他就提到：

> 先是臣在家，每閱抄報，見諸司小臣連章累牘，指斥皇上，未嘗不
> 及皇貴妃。臣之視皇上猶父也，則其視皇貴妃亦有母道，豈有孝子
> 之心，見人之無禮于父母，至此而恬不動心，默無一言者乎？況臣
> 連揭所指，本出自皇上昔時跪請之言，是皇上明稱皇貴妃之賢，欲
> 使臣下知之矣，而今日顧反以干預外事，不輕聽信，然則必欲使皇
> 貴妃受盡天下之憤憤，忍盡天下之呶呶，然後爲不與（預）外事，
> 而可信乎？臣老且病，皇上所親見，區區爲主，苦心曉舌，幸蒙哀
> 憐，以爲犬馬報恩，止有此第一義，而今日所奉聖諭，顧以臣稱引，
> 皇貴妃爲疑。夫皇貴妃久侍皇上，至親且賢，臣之所不敢言也，而
> 外廷之紛紛歸怨于皇貴妃，又臣之所不忍聞也，以不敢言之心合不
> 忍聞之心，孰輕孰重？且六十老臣，力捍天下之口，歸功皇貴妃，
> 皇上尚以爲疑，然則必如群少，年盛氣以攻皇貴妃，而皇上反快于
> 心乎？〔註110〕

當外廷紛紛指責鄭貴妃之際，只有王錫爵願意稱鄭貴妃爲母，〔註111〕讚
其爲賢，因而打動神宗，行豫教之禮。一般史家都認爲支持鄭貴妃的人是因
爲希望福王得立爲儲君，但王錫爵尊重鄭貴妃，則希望皇長子受到冊封，這
是很特別的。

雖然神宗答應讓皇長子豫教出閣，但並不代表同意立他爲太子，所以連
鄭氏貴戚錦衣衛帶俸都指揮使鄭國泰、親伯順天府儒學附學生員鄭承恩奏請
立東宮，以彰顯皇貴妃之賢，引起龍顏大怒，黜鄭承恩爲民。〔註112〕顯然神
宗雖然關愛鄭貴妃，但也不願外戚的「干預」政事，且談的又是立太子之事。
使得原本想「錦上添花」的鄭家，反落得「多此一舉」。一直到萬曆二十九年
（1601）年十月十五日，朱常洛終於被冊封爲太子，「國本」問題才暫告解決。
但「國本」之爭並未就此結束，因爲神宗還是不喜歡朱常洛，讓擁立福王的

〜253。
〔註109〕《明史》，卷218，〈王錫爵傳〉，頁5752。
〔註110〕《明神宗實錄》，卷266，頁9a〜9b，萬曆二十一年十一月甲戌條。
〔註111〕一般稱國母者，應爲皇后，如王德完在奏疏中道：皇上萬國之父也，中宮萬
　　　　國之母也。見《明神宗實錄》卷352，萬曆二十八年十月庚子。
〔註112〕參見《明神宗實錄》，卷267，頁2a，萬曆二十一年閏十一月癸未條。

人，仍覺得有機可趁，導致日後的重大宮廷案件。

二、與鄭貴妃不同的宮闈女性

士大夫對鄭貴妃的種種反對，除了「國本」問題外，就在於鄭貴妃在宮闈的身分，凌駕他人，違反尊卑。因此，在攻擊鄭貴妃之際，不免同情宮闈中的女性，其中王皇后、王恭妃最受觀注。

（一）「國本」爭議中的王皇后

王皇后，浙江餘姚人，生於京師，個性端謹且孝順，甚得李太后的歡心。〔註113〕但神宗自從寵愛鄭貴妃之後，就疏遠了皇后，所以當神宗提出「三王並封」的構想時，便引起朝臣譁然。〔註114〕禮科給事中張貞觀質疑：

> 皇上而果以中宮爲念，何累年無一言及之，而今忽以此爲辭耶？即在皇上止爲中宮，原無他意，而宮闈之中，開此釁端，萬一有揣摩意指，巧希定策之功者，其隱憂所伏，尤非臣之所忍言矣。〔註115〕

刑科給事中王如堅也懷疑神宗的動機：

> 今陛下援祖訓爲據，人咸謂假祖訓以箝天下之口，陛下體中宮爲心，人咸謂假中宮以息天下之疑。執狐疑而來讒賊，持不斷而開群枉，此幾微之際，不可不慎也。〔註116〕

所謂「天下之疑」即天下人皆疑神宗有「寵愛立幼」的可能，但爲何神宗突然會提出「待嫡」，難道他是爲了「遵照」祖訓，把注意力放在皇后身上，而不再爲鄭貴妃與皇三子常洵著想？當然這是不可能的，因此各種流言湧出，甚至揣測到「不可說」的地步，大臣們之間頗爲忌諱，不敢向上反應，這樣的僵局，最後被不怕死的王德完所打破。

所謂「不可說」之事，就在於王皇后健康不佳，很有可能病故。尤其在萬曆二十八年（1600）她生了一場重病，當時皇長子的講官黃輝，從內侍探得宮闈秘聞，謂等王皇后病死，鄭貴妃即正中宮位，常洵就成爲嫡子，就有機會被立爲太子，所以神宗一再強調「立嫡不立庶」，是有這樣一番深意在內。

〔註113〕參見《明史》，卷114，〈后妃二・神宗孝端皇后王氏〉，頁3536。
〔註114〕王如堅，〈明旨未信並封未宜疏〉，《萬曆疏鈔・國本類》，頁71a～71b。
〔註115〕張貞觀，〈儲位必當早正，諭旨難以再更疏〉，《萬曆疏鈔・國本類》，頁56a。
〔註116〕王如堅，〈明旨未信並封未宜疏〉，《萬曆疏鈔・國本類》，頁72a～72b。

　　王德完從黃輝處得知消息，囑黃輝起草，上疏陳述所聽到的王皇后情況：「自入京數月以來，道路喧傳，咸謂役使，上得數人，憂鬱數親藥餌，且阽危不自保。」〔註117〕並道「果中宮不得於陛下以致疾歟？則子於父母之怒，當號泣幾諫。果陛下眷遇中宮有加無替歟？則子於父母之謗，當昭雪辨。」〔註118〕這樣強迫性的責問語氣，神宗接到奏疏，豈有不震怒之理？立即下令，杖一百並除其名。

　　王德完打破沈默，雖使得神宗極度憤恨，也不得不加以辯白，並重新正視立儲問題。神宗辯解：「中宮乃聖母選擇朕之元配，見今侍朕同居一宮，就少有過失，豈不体悉優容，前准后弟王棟之襲伯爵，寔朕厚禮之意，邇年以來，稍稍悍戾不慈，朕每隨事教訓，務全婦道，中宮亦知改悟，何嘗有疾！」〔註119〕神宗形容皇后「稍稍悍戾不慈」，連輔臣沈一貫都覺得「惶怖欲絕」，〔註120〕可見神宗帝后感情確有不睦，且神宗總能以「教訓」對方，使之「改悟」，這樣的「夫妻之道」，要別人相信他們恩愛，其實是很困難的。

　　因此沈一貫希望神宗最好仍厚待皇后，假使「皇上因小臣（王德完）一時生怒，而必謂果符前情，不利于中宮矣，然則民間數年之謗本虛而反以為寔；皇上數年之旨本寔而反以為虛。」〔註121〕沈一貫的用意至深，不管過去神宗對皇后好不好，自此都要相敬如賓，才能粉碎謠言。

　　此後，帝后關係多少也有些改善，《先撥志始》記載，萬曆二十九年（1601），神宗生了一場大病，頭腦暈眩，昏睡很久才醒來，發現自己枕靠在王皇后的臂上，皇后面帶戚容，淚痕猶濕；再看看鄭貴妃正「竊秘有所指揮」，神宗以此對貴妃有所慍怒。〔註122〕後來神宗對王皇后的態度有所改變，史稱：「帝自是懼外廷議論，眷禮中宮，始終無間矣。」〔註123〕《萬曆野獲編》則形容：「伉儷彌篤，恩禮有加。」〔註124〕不過，神宗會善待王皇后，應該與王皇后照顧李貴妃所生的兩名兒子惠王常潤、桂王常瀛較有關係，《酌中志》載：

〔註117〕《明神宗實錄》，卷352，頁8b～9a，萬曆二十八年十月庚午條。
〔註118〕《明史》，卷235，〈王德完傳〉，頁6133。這段話《實錄》並未記載。
〔註119〕《明神宗實錄》，卷352，頁9b，萬曆二十八年十月庚子條。
〔註120〕同前註，頁11a。
〔註121〕同前註，頁10b。
〔註122〕參見文秉，《先撥志始》（上海：神州國光社，中國內亂外禍歷史叢書，1947年），卷上，頁108。
〔註123〕《明史》，卷235，〈王德完傳〉，頁6133。
〔註124〕沈德符，《萬曆野獲編》，卷3，〈今上篤中宮〉，頁252～253。

神廟貴妃李娘娘有疾，鄭娘娘名下太監張明，醫治不效，薨逝。神
廟極為悲悼，喪禮從厚，所生兩皇子，派與中宮王老娘娘為慈母，
共育咸福宮，彼時積言，有如淳如衍之事，自此鄭娘娘無有與分寵
者矣。〔註125〕

但是從史料來看，神宗對鄭貴妃的關注，遠比王皇后超出許多。

而在「國本」爭議中，神宗的「待嫡」構想，未必是真心，但這正凸顯
皇后在宮闈的地位的尊貴；士大夫亦極力推崇。顧憲成即指出：

皇后者，所與皇上共承宗祧者也，期於宗祧得人而已，宗祧得人而
皇后之職盡矣，豈必有嫡而後為快。夫皇上以父道臨天下者也；皇
后以母道臨天下者也，是故皇上之元子，即皇后之元子也，雖恭妃
不得而私之也；皇上之諸子，即皇后之諸子也，雖皇貴妃不得而私
之也。何者？統於尊也。〔註126〕

由此可知，鄭貴妃在顧憲成等大臣的觀念中，地位遠落後於皇后、恭妃。

王皇后除了地位尊崇外，傳聞對朱常洛視如己出，禮部儀制司郎中于孔
兼疏言：「臣聞中宮聖德比於太姒，保護元子，過于己生，皇上肯慨然冊立，
則中宮之喜建元儲，必有甚於皇上之眷戀中宮者。」〔註127〕這段話對神宗有
點諷刺，因為他眷戀的對象是鄭貴妃；不過，也反映出王皇后對於皇長子「調
護備至」，〔註128〕這樣的關愛之情，使得朱常洛成長路上，多一份關注。

雖然王皇后在「國本」爭議中，成為君臣之間的一顆「棋子」，不知不覺
捲入這場對峙的「棋盤」中。儘管史料未發現她對立儲有何意見，但是她秉
持皇后的職責，照顧皇子，維護國本，因而成為朝臣肯定推崇的對象。

（二）「都人」出身的恭妃

恭妃王氏為皇長子常洛的生母，原是李太后身邊的宮女，傳說神宗有一
天到慈寧宮索水洗手，王氏捧著面盆侍候，神宗一時喜悅，與其燕好，並賞
她一副首飾，王氏旋有身孕。根據明朝宮中的祖宗家法，「聖躬每有私幸，必

〔註125〕劉若愚，《酌中志》（台北：偉文圖書公司，1976年），卷22，〈見聞瑣事雜記〉，
　　　　頁540。
〔註126〕顧憲成，〈建儲重典國本攸關不宜有待疏〉，《萬曆疏鈔》，國本類，頁82a～
　　　　82b。
〔註127〕于孔兼，〈建儲有旨聖諭儵更乞行前旨以安人心疏〉，《萬曆疏鈔・國本類》，
　　　　頁47a。
〔註128〕《明史》，卷114，〈后妃二・神宗孝端皇后王氏〉，頁3536。

有賜賚；隨侍文書房內閣，即注明某年某月日，并記所賞以爲驗。」這就是記載皇帝言行的《內起居注》。但由於王氏只是宮女，地位卑下，神宗對自己的一時興起，甚感失態，因此忌諱談此事，左右皆不敢言。一天，神宗侍候太后宴飲時，太后談及此事，神宗不願承認，太后就命人取《內起居注》來，讓他自己看，神宗面紅耳赤，無法再有所隱瞞，太后就安慰他：「吾年老矣，猶未及弄孫，倘生男，宗社福也，何必相諱。」〔註129〕神宗接受太后的規勸，於是就冊封王氏爲恭妃，但神宗並未因此寵愛她。

後來神宗因遲不立常洛爲太子，引起群臣抗疏質疑，反遭貶謫，李太后聞之不悅。一天，神宗進宮請安，李太后就問：「外廷諸臣都說該早定長哥，如何打發他？」神宗說：「他是都人的兒子。」所謂「都人」即宮中對宮女的稱呼，李太后也是宮女出身，便動怒正色告訴他：「母以子貴，寧分差等！你也是都人的兒子」，神宗惶恐，伏地賠罪。〔註130〕

從這件事看來，明神宗是位虛榮心很重的君主，根本瞧不起恭妃。因爲其後宮嬪妃，尤其是「九嬪」是經由正式的程序挑選而受冊封，地位上遠比那些專門服侍皇室成員的宮女尊貴。所以私幸宮女，在神宗的觀念裏是件不光彩的事，偏偏恭妃懷孕，讓他無法掩飾。也因此「都人」之子——常洛，亦不爲神宗所喜，遲遲不立爲太子。

恭妃生下常洛，生活重心，以常洛爲主，神宗就說：「恭妃王氏，她有長子，朕著她調護照管，母子相依，所以不能朝夕侍奉。」〔註131〕也正因恭妃細心照料，才使得朱常洛平安成長。《先撥志始》載，常洛十三歲那年，鄭貴妃曾在神宗面前造謠，說皇長子好與宮人嬉戲，已非童體。於是神宗派人去查證，恭妃深覺委屈不平，說：「我十三年與同起臥，不敢頃離者，正爲今日，今果然矣。」查訪者回去據實以告，神宗自此懷疑鄭貴妃，當年就讓常洛出閣講學。〔註132〕

這個記載有一些疑點，雖然皇長子出閣講學那年，爲萬曆二十二年（1594）年，常洛恰爲十三歲，但神宗會決定其出閣講學的原因，乃因王錫爵力爭的結果，且在萬曆二十一年（1593）閏十一月就已決定明春豫教出閣，〔註133〕

〔註129〕參見《先撥志始》，卷上，頁99。
〔註130〕同前註，頁99～100。
〔註131〕《明神宗實錄》，卷219，頁1b，萬曆十八年正月甲辰條。
〔註132〕參見《先撥志始》，卷上，頁103。
〔註133〕參見《明神宗實錄》，卷267，頁1a，萬曆二十一年閏十一月辛巳條。

而非恭妃的一席話才下的。不過，此事多少反映恭妃母子在宮中處境的難題，不受神宗關愛，只好相依為命。

　　恭妃一直到萬曆三十四年（1604），因為皇長孫的誕生，才被冊封為皇貴妃。〔註134〕雖然已為皇貴妃，但並未享有像鄭貴妃的待遇，且不能見到自己的兒子，日夜思念。到了萬曆三十九年（1611），病入膏肓，常洛得到消息，請旨才得以前往探視，到了母親的寢宮，只見宮門關閉，開鎖而入，當時王貴妃雙目已不能識，用手拉朱常洛的衣服，哭泣著說：「兒長大如此，我死何恨。」〔註135〕不久便過世。傳說朱常洛進去探視母親時，鄭貴妃還派人尾隨其後，王氏本來要跟兒子講話，但因有所察覺，乃說：「鄭家有人在此。」兩人只好默然相對。正史記載，當時恭妃「目眚」，不易看清東西，但《先撥志始》描述：「孝靖（恭妃）張目欲有所言」，〔註136〕顯然有矛盾之處，不過這似乎也反映鄭貴妃在宮廷勢力之大，到處都有耳目。

　　恭妃遭受冷落，與鄭貴妃的受寵不衰，形成強烈的對比。恭妃一生的悲哀，在於她出身自「都人」，不為神宗所喜；鄭貴妃最大的遺憾，在於兒子未能成為皇儲。相反的，恭妃最大的成就，在於兒子是皇太子；鄭貴妃最大的幸福，在於受到神宗的寵幸。因此我們從民間的筆記小說爬梳，恭妃處處提防鄭貴妃，似乎可以理解，但也不能說鄭貴妃真的有意要陷害他們母子的。

　　「國本」爭議中的恭妃，朝臣對她的尊崇，只因為是皇長子朱常洛的生母，但她在這場爭議中，永遠是被人同情的角色，因為她的地位不如皇后；受寵程度又不如鄭貴妃，甚至可以說是受到「冷落」。對「國本」爭議，無法發揮作用。這樣被忽略的角色，一直到常洛的太子地位穩固，進而當上皇帝，才被追尊為孝靖皇太后，可惜當時她已過世多年，無法享受「母以子為貴」的歡愉。

　　回溯鄭貴妃生皇三子之後，到朱常洛正式被冊封為皇太子這段時間（萬曆十四年到萬曆二十九年）所引起的「國本」之爭，鄭貴妃實無法置身於事外，試想一個備受寵愛的妃子，多少可能會替自己的親生兒子，謀畫出路，更何況神宗是站在她這一邊。但她所面對的難題，與明神宗一樣，必須面對官僚體系的反彈，因為士大夫是維護禮教綱常者，鄭貴妃從被封為貴妃之始，

〔註134〕參見《萬曆邸鈔》，頁1365。
〔註135〕《明史》，卷114，〈后妃傳〉，頁3537。
〔註136〕《先撥志始》，卷上，頁118。

名份超過皇長子之母恭妃，群臣就急於疏請皇帝冊封恭妃爲皇貴妃，立皇長子爲太子，但神宗不爲所動，然而神宗是從「長幼有序」的禮制中，獲得帝位，因此也不敢違背禮制，又不想遵從，只有藉著怠工，不處理「國本」問題。

另一方面神宗設計遲立太子的理由，如太子身虛或等待嫡子，無一不是爲鄭貴妃與常洵設想，儘管鄭貴妃及其家人也曾數次諫立皇長子，但這項動作，是出自於內心或另有意圖，頗值得懷疑。

而群臣眼中的鄭貴妃，從奏疏來看，有的將她比擬爲褒姒、驪姬等亡國之女，形容有些過當。因爲明神宗一向親操政柄，也忌諱有「牝雞司晨」情形產生，現實的環境條件，並不致讓鄭貴妃成爲亡國之女。但在明朝這個講究長幼尊卑的禮教社會，對立「國本」有負面作用的女子，本來就可能被人用嚴苛的言辭評論，更何況只要神宗對鄭貴妃的寵愛不變，這樣的懷疑便永遠不會結束。

第三章　鄭貴妃與「國本」餘波

　　朱常洛雖被立爲皇太子，「國本」爭議並未就此結束，因爲他的地位仍然不穩，宮中接連發生許多危及常洛的案件，使「國本」餘波蕩漾不已，而鄭貴妃又被指爲幕後主使者。本章即想透過「妖書」案、「梃擊」案與「紅丸」案，探討鄭貴妃與這些案件的關係，以及何以許多士大夫一直認爲鄭貴妃對常洛有大的威脅，希望從中瞭解萬曆後期，黨爭中宮闈女性的角色。

第一節　鄭貴妃與「妖書」案

　　萬曆十八年（1590），山西按察使呂坤將歷史上的一些婦女事蹟，編爲《閨範圖說》。書中以圖說的方式，記載歷代一些賢德婦人的事蹟，出版後流傳甚廣，鄭貴妃獲得此書後，命人增補十二人，首篇爲漢明帝明德馬皇后，終篇則爲鄭貴妃本人，並囑其伯父鄭承恩重新刊行，於萬曆二十三年（1595）問世。〔註1〕鄭貴妃親自爲此書加寫序文如下：

> 嘗聞閨門者，萬化之原，自古聖帝明王咸愼重之，予賦性不敏，幼承母師之訓，時誦詩書之言。及其十有五年，躬逢聖母廣嗣之恩，遂備九嬪之選，恪執巾櫛，荷蒙帝眷，誕育三王暨諸公主。漸叨皇號，愧無圖報微功，前因儲位久懸，脫簪待罪。幸賴乾綱獨斷，出閣講學，天人共悅，疑議盡解，益自勤勵。侍御少暇，則敬捧我慈聖皇太后《女鑒》，莊誦效法，夙夜兢兢，且時聆我皇上諄諄誨以《帝

〔註1〕劉若愚，《酌中志》，卷1，〈憂危竑議前紀第一〉（台北，偉文圖書出版社，1976年），頁22。

鑑圖說》，與凡勸戒諸書，庶幾勉修厥德，以肅宮闈。尤思正己宜正人，治家宜治國，欲推廣是心，公諸天下，求其明白簡易，足爲民法者。近得呂氏坤《閨範》一書，是書也，前列四書五經，旁及諸子百家，上溯唐虞三代，下迄漢宋我朝，賢后、哲妃、貞婦、烈女，不一而足，嘉言善行，照耀簡編，清風高節，爭光日月，眞所謂：扶持綱常，砥礪名節，羽翼王化者是也。然且一人繪一圖，一圖序一事，一事附一贊，事核言直，理明辭約，眞閨壼之箴鑑也。然雖不敢上擬仁孝之《女誡》，章聖之《女訓》，藉令繼是編而並傳，亦庶乎繼述之一事也。獨惜傳播未廣，激勸有遺，願出宮資，命官重梓，頒布中外，永作法程。嗟嗟，予昔觀「河南饑民圖」，則捐金賑濟；今觀閨範圖，則用廣教言，無非欲民不失其教與養耳。斯世斯民，有能觀感興起，毅然以往哲自勵，則是圖之刻，不爲徒矣。因敍厥指，以冠篇端。〔註2〕

此序大概可分爲幾個重點：一、鄭貴妃簡述自己的幸運，深受皇帝眷寵。二、皇太子能夠出閣講學，疑議盡解。三、有心推廣像《女誡》、《女訓》之類的書籍。四、介紹呂坤《閨範》的題材內容，圖文並茂。五、說明爲何要出宮資重刊《閨範》的理由。六、深感圖畫能夠激發興趣與自勵的作用。

透過序文，我們可以瞭解鄭貴妃有意「導正」世人對她的印象，將自己塑造爲親民愛民的貴妃，表達她並未蠱惑聖聽，尤其皇長子出閣講學，立儲便明朗化，已洗刷她的嫌疑。她在文末提到觀看「河南饑民圖」，捐金賑濟，無非就是要凸顯她的慈悲心。按河南饑荒發生於萬曆二十二年（1594），刑科給事中楊東明曾奏請求助，並繪圖呈給神宗。神宗覽圖時，恰鄭貴妃服侍在側，就問他：「此是何圖？畫著死人又有赴水的。」神宗說：「此乃刑科給事中楊東明所進河南饑民之圖，今彼處甚是荒亂，有吃樹皮的，有人相食的，故上此圖，欲上知之，速行蠲賑，以救危亡于旦夕。」鄭貴妃聽了說：「自願出累年所賜，合用之積，以施救本地之民。」乃捐出五千兩銀。〔註3〕鄭貴妃此舉獲得迴響，兩宮皇太后發內帑銀三萬三千兩濟助賑災。〔註4〕此舉無異宣

〔註2〕有關鄭貴妃重刊閨範序文，可參見《酌中志》，卷1，〈憂危竑議前紀第一〉，頁24～26。以及沈德符，《萬曆野獲編補遺》（台北：偉文圖書出版社，1976年），〈大明皇貴妃鄭重刊閨範序〉，頁2325～2326。

〔註3〕《明神宗實錄》，卷271，頁1a～1b，萬曆二十二年三月己卯條。

〔註4〕《明神宗實錄》，卷271，頁4a，萬曆二十二年三月丁亥條。

示，鄭貴妃具有憂國憂民、悲天憫人的胸懷，而非懷有「奪嫡」的野心，所以對此事特別強調。但鄭貴妃刊刻之舉，反而引來更大的政治風波，此即所謂的「妖書」案。

　　萬曆二十六年（1598）五月，已升為刑部侍郎的呂坤，向明神宗進呈〈憂危〉疏，論述國家安危，並列舉了種種弊病。當時有人借燕山朱東吉之名，為《閨範圖說》寫了一篇跋文，標其名為〈憂危竑議〉，諷刺呂坤有暗助易儲的跡象，舉朝譁然。內稱：「呂先生為此書也，雖無易儲之謀，不幸有其跡矣。」而以漢明德馬皇后為首，是由於馬皇后從貴人晉封為后的，分明是向鄭貴妃獻媚。並暗刺朝中的戚臣、官員，如鄭承恩、張養蒙……等人。〔註5〕

　　〈憂危竑議〉出現後，群臣騷動。吏科給事中戴士衡上疏彈劾呂坤假託《閨範圖說》，包藏禍心，〔註6〕此時呂坤正在家中養病，聞知被戴士衡參劾，即刻辯解他並不認識鄭承恩，更遑論參與增加節婦十二人之事。〔註7〕但神宗想使此事迅速化解，說：「這事情不必瀆辯。」〔註8〕不過鄭貴妃和鄭承恩認為，作跋文的人可能就是戴士衡，或是滁州全椒知縣樊玉衡，因為樊玉衡曾在〈憂危竑議〉出現的前一個月，上疏譏刺「皇上為不慈，皇長子為不孝，皇貴妃為不智。」〔註9〕因而也被懷疑涉有重嫌。

　　由於戴士衡、樊玉衡的奏疏都牽連到鄭貴妃，鄭貴妃得知後，向神宗泣訴不已。此外，刊刻《閨範圖說》的鄭承恩大懼，上疏力辯，認為這是樊、戴二人「搆此離間之謀，造刻飛書，謀危社稷，暗投中外。」〔註10〕神宗為

〔註5〕有關《憂危竑議》的內容，參見明‧文秉《先撥志始》（上海：神州國光社，中國內亂外禍歷史叢書，1947年），卷上，頁105～107。

〔註6〕《先撥志始》，卷上，頁107。

〔註7〕呂坤自辯曰：「科臣戴士衡論坤假託《閨範圖說》包藏禍心事，大略謂臣於萬曆十八年為按察使時，刻《閨範》四冊，後來翻刻漸多，流布漸廣，不意戚里鄭承恩復刻《閨範圖說》一部，戴士衡謂承恩之《閨範》也，緣臣以進，意在逢迎，疑臣亦太深矣。昔漢劉向作《列女傳》以獻成帝，歎賞臣之《閨範》前述，經傳後列貞淑體，依劉向意本關雎，臣若有所希冀，自可明白進呈，何所回護，而犯此危險之迹乎，皇上試召貴戚左右近侍問之，承恩曾否與臣識面？是書也，緣臣入不緣臣入，皇上必知之，仍乞敕下九卿科道，簡查有無包藏禍心，并查圖說新增節婦十二人，臣曾否與聞果否作贊，但有一字干涉，臣願甘顯戮，以為鑽刺無恥者之戒。」見《明神宗實錄》，卷320，頁4a～4b，萬曆二十六年三月丁酉條。

〔註8〕同前註。

〔註9〕《酌中志》，卷1，〈憂危竑議前紀第一〉，頁36。

〔註10〕同前註，頁20。

此下了兩道諭旨，裁示曰：「前樊玉衡、戴士衡假以建言報復私讎，妄指宮禁，干撓典禮，惑世誣人，捏造書詞，搖亂人心，本當挐問重治，姑著革職，發煙瘴地面，永遠充軍，遇赦不宥。」又跟內閣說明，因覺得《閨範》與《女鑒》類似，故推薦給鄭貴妃，〔註11〕只是神宗這樣的說詞，史家都認爲有爲鄭貴妃開脫之嫌。〔註12〕

原以爲「妖書」案就此了結，未料萬曆三十一年（1603）十一月，又有人仿〈憂危竑議〉的筆法，寫出另一篇〈續憂危竑議〉，亦是議論「國本」的問題。雖然這時候皇太子常洛已被冊封兩年，但地位還不穩固，〈續憂危竑議〉的出現，造成政壇更大的震撼。作者假託「鄭福成」之名，以對話的方式寫成此文。當時常洵已被封爲福王，因此「鄭福成」意指鄭貴妃之子福王必將成功。該文的重點可分爲：一、儲位仍可能改立福王繼任，因爲母愛子貴，以鄭貴妃之專擅，回天轉日有何困難。二、神宗命朱賡入閣，有其深意，賡者，更也。透露有更換太子的心意。三、朝中有包括鄭貴妃在內者，稱「十亂」，將支持易儲的計畫。四、批評沈一貫爲人陰賊。署名者爲吏科給事中項應祥、掌河南道事四川道監察御史喬應甲。〔註13〕

這本冊子出刊後，一夕之間，從宮門到街巷，傳遍北京各地，至次日天明，看到該書內容的人，都大驚失色，避而不敢談論。朱賡在自宅中也得到這份冊子，趕緊上奏，請求捉拿罪犯。東廠太監陳矩發現此書後，立即向明神宗報告，神宗勃然震怒，下令調查，搜捕製造「妖書」的人。並要項應祥、喬應甲回奏。後來項、喬二人皆遵旨回疏，明神宗也很明白「以姦書謗人，豈有自著姓名之理。」〔註14〕命人密訪眞正的罪人。

其中首輔沈一貫也被點名批判，因此上疏自辯並乞歸，認爲「妖書」內

〔註11〕神宗說：「《閨範》一書乃朕賜與宮中，朝夕閱覽，因其書理與《女鑒》相符，使以爲勸言之規。」見《明神宗實錄》，卷322，頁5a～5b，萬曆二十六年五月辛丑條。
〔註12〕曹國慶認爲萬曆帝賜《閨範》給鄭貴妃之說，意在爲鄭貴妃開脫。見氏著，《萬曆皇帝大傳》（瀋陽，遼寧教育出版社，1994年），頁302。此外，樊樹志亦有類似感覺，他在《萬曆傳》中指出，既然明神宗肯定《閨範》與《女鑒》類似，才推薦給鄭貴妃看，「因此朱東吉、戴士衡、樊玉衡等人，企圖透過此書搞名堂，就等於指責皇上有眼無珠，竟然看不出其中的微言大義。這當然是不可能的。」顯然問題就出在鄭貴妃身上。見氏著，《萬曆傳》（台北：臺灣商務印書館，1996年），頁343。
〔註13〕有關〈續憂危竑議〉案的內容，參見《先撥志始》，卷上，頁108～110。
〔註14〕《明神宗實錄》，卷390，頁10a，萬曆三十一年十一月己巳條。

容「混淆庭闈宮禁之情，離間父子骨肉之愛，掩抑皇貴妃贊成之盛德，點染福王孝弟之名，誣陷大小臣工坐以翻天覆地之罪。」為了表明自己的無辜，請求罷官。神宗則勸慰他：「卿輔弼首臣，誼關休戚，既曾殫竭忠誠，贊襄大典，尤須居中鎮定，主持國是，何遽先自乞歸，以墮奸人之計。」〔註15〕因此請辭不成。其他在「妖書」中出現名字的大臣，亦皆上疏自請罷官，但都未獲神宗同意。

　　沈一貫得到神宗的體諒後，建議神宗以安定皇太子為先，因為「皇上聖德及皇貴妃本心固絕無疑，恐皇太子驟聞此事，不無驚懼，宜特宣面諭，以安慰之，或奏聞聖母轉諭，以安慰之，宗社幸甚！」〔註16〕可見沈一貫心思的細膩，不僅強調神宗、鄭貴妃並沒改變支持常洛的心，更顧及皇太子的感受。次日，神宗回覆內閣，他已面諭安慰皇太子，但還不想驚動皇太后。神宗並在文中指「妖書」案實緣於外廷的黨爭，他說：「朕思此謗，必起於臣僚之自相傾陷，假借國事以為名耳。」〔註17〕神宗的推測反映當時黨爭已浮出檯面，而日後在偵辦「妖書」案時，確實也是一片「臣僚之自相傾陷」的景象。

　　此外，神宗並對「妖賊」有所抱怨：「但恨此賊，將朕一腔慈愛真誠之心，掩闕不著；即皇貴妃平日好善畏禍之意，亦為所掩。」〔註18〕神宗如此替鄭貴妃迴護，〔註19〕顯示鄭貴妃在他心中的份量。這樣的盛寵難怪朝野之間，會懷疑朱常洛地位不保。

　　神宗為了消除鄭貴妃對〈續憂危竑議〉一書的畏懼，下令逮捕禍首，接連幾日，株連無數。而沈一貫趁此機會，欲以「妖書」案陷害他人，由於他與另一名閣臣沈鯉有嫌隙，〔註20〕加上沈鯉的門生禮部右侍郎郭正域也與沈

〔註15〕沈一貫，《敬事草略》（明刊本，日本內閣文庫，國家圖書館景照本），卷14，頁4a～5b。
〔註16〕《明神宗實錄》，卷390，頁11a，萬曆三十一年十一月庚午條。
〔註17〕《明神宗實錄》，卷390，頁12b，萬曆三十一年十一月辛未條。
〔註18〕同前註。
〔註19〕鄭貴妃是否「好善畏禍」，得看從什麼角度觀察，不過可以確定的是，鄭貴妃確實是很「畏禍」，從過去的「國本」爭議、「憂危竑議」案，乃至以後的「挺擊」案，每當群臣對她質疑，她都表現出一副受到冤枉的樣子，「脫簪待罪」，懇請神宗做主。這樣「畏禍」的人，是因流言可畏？或是害怕「東窗事發」呢？恐怕神宗才能瞭解。
〔註20〕「一貫素忌鯉，鯉亦以講筵受主眷，非由一貫進，不為下，二人漸不相能。」見《明史》，卷218，〈沈一貫傳〉，頁5758。

一貫有衝突，〔註21〕於是大肆迫害郭正域的親友，逼他們說出「妖書」與郭正域、沈鯉有關；又派人逮捕郭家的婢僕乳媼，下獄窮治，惜皆無所獲。

後來逮捕一個被廢黜的生員皦生光，並發現許多可疑證物，於是由廠衛府部九卿科道會審，迫使皦招供。根據口供，乃因皦生光常敲詐刻書作坊老闆包繼志，甚至曾擅拿黃紙封條，捏造宦官的命令，揚言皇帝要「籍沒包家」，但因為鄭皇親與包的兒女是至親，拆穿騙局，使皦生光未能得逞。接著他被人舉發，革去秀才的功名，解回大同原籍，這種讎恨使他全歸罪鄭皇親，後來皦生光潛逃回京，欲傾害皇親，但因無計可施，只有「國本」問題才能震撼人心，因此雇人刊刻散發，以完成報復心願。其實以皦生光的身分來看，他應該不會知曉那麼多的宮闈之事，其可能不堪嚴刑逼供而被迫承認犯案，結果被凌遲處死，而〈續憂危竑議〉案到此結束。

目前已無法探究兩次「妖書」案真正的主謀，但此事正反映朝野對於皇太子不穩的地位，感到憂心，力圖透過輿論壓力，迫使明神宗、鄭貴妃不敢貿然更易東宮。對神宗而言，「妖書」的主謀者是何人，並非重點，把這個與「國本」有關的輿論壓下來才是當務之急，因此對於皦生光的處理，他以凌遲再梟首示眾，使大家有所警惕，不敢造次。〔註22〕

這兩次「妖書」案中，其政爭的性質並非相同，第一次的「妖書」案屬於君臣之爭；第二次「妖書」案，君臣之爭的成份已減少，而黨派的互鬥則儼然形成。因此對鄭貴妃的觀點，也有所不同。

第一次「妖書」案中，鄭貴妃之所以涉入其中，主要是因她捐錢重新刊刻《閨範圖說》，並撰寫序文。但由於過去宮中刊刻的女教書籍，都是太后、皇后推動，此次竟由鄭貴妃主導，顯見其有意將自己比擬於皇后正宮，嚴重違反禮制，因此造成風波。其實明初馬皇后、徐皇后編修女教書籍，主要目的是為了推廣教化。但到了明代中葉以後，章聖太后（蔣太后）、慈聖皇太后（李太后）撰書的目的，有一部分可能在提升自己的地位，期望媲美明初的賢后，因而往往流於形式。像鄭貴妃必定詳讀過《女訓》、《女鑒》之類的書，但並未從中學習到應有的禮儀與德性，反而踰矩刊刻，招來質疑。

而戴士衡、樊玉衡等言官對鄭貴妃的批評仍持「國本」爭議時的論調，

〔註21〕沈一貫與郭正域最嚴重的衝突在於「楚宗」案，亦即真假楚王案。詳見《明史》，卷218，〈沈一貫傳〉，頁5758。卷226，〈郭正域傳〉，頁5945～5946。
〔註22〕參見樊樹志，《萬曆傳》，頁354。

對於元子冊立、冠婚之事未能舉行，皆歸咎於神宗寵愛鄭貴妃之故。而神宗仍然認為這些言官沽名釣譽，妄指宮禁，因此決定懲處以儆效尤。在朝中願意為鄭貴妃說情的，仍舊以戚臣為主，其中鄭承恩為了維護鄭貴妃，對戴、樊二人的批評毫不客氣，並指名他們就是撰寫〈憂危竑議〉之人。

不過，與前次「國本」爭議不同之處，乃外界對於鄭貴妃的抨擊，不再只是藉由上疏抗爭；而是以寓言反諷鄭貴妃，成為另一種方式。但是這種不負責任的作法，卻也成為陷害別人的手段。第二次「妖書」案，即為更明顯的例子，但也顯示鄭貴妃幕後的支持者，應該不在少數，勢力已不容忽視。鄭貴妃在此次爭議中，並未如「國本」之爭時那樣飽受批評，主要是因這次政爭的性質，漸漸傾於黨派之爭，官員之間，表面上為了追查誰誣陷鄭貴妃而努力，私下卻趁機加害政敵，製造冤獄。故從日後「國本」餘波的發展來看，鄭貴妃雖然仍是爭議的焦點，但大臣藉此攻擊政敵的意味，卻更加濃厚。

第二節　「梃擊」案前後的鄭貴妃

萬曆四十三年（1615）宮中發生了震驚朝野的「梃擊」案。這是繼「妖書」案之後，最大的宮廷案件，並且成為日後黨爭的焦點。此案中鄭貴妃被懷疑涉嫌重大，朝野議論紛紛，最後經神宗出面諭示朝臣，才暫告平息。這也反映鄭貴妃對朱常洛的皇太子地位，始終存在著威脅。

一、「妖人」案與福王之國

討論「梃擊」案之前，須先對福王就藩加以了解，才能清楚「梃擊」案發生的原因。萬曆三十一年（1603），福王完婚，理論上，結婚之後，福王應前往洛陽就藩，當時稱為「之國」，但由於明神宗與鄭貴妃都不願福王去洛陽，有意拖延時間，因此藉著興建福王府第、莊田的規劃等種種理由阻止。首輔葉向高不斷上疏勸諫，不為接受。後因「妖人」案的發生，才改變了神宗的態度。

萬曆四十一年（1613）發生王曰乾案，即「妖人」案。王曰乾為錦衣衛百戶，其因故與孔學、趙宗舜、趙思聖對簿公堂，在尚未完成審判定罪時，王曰乾便闖入皇城放砲上疏，刑部官員大為震驚，以其在「禁地放砲」，欲定死罪，王曰乾遂上奏鄭貴妃內侍姜嚴山與孔學等人陰結妖人王三詔，使用妖

術危害皇室成員。〔註23〕

　　神宗得知消息後十分震怒，幸首輔葉向高鎮定，建議神宗不必張惶，他對於王曰乾疏中語及鄭貴妃、福王，深表憤恨，因爲：「以皇貴妃之賢明，福王之賢孝，感戴皇上厚恩，惟恐不千歲而萬年，中外臣民，孰不知之，彼狂悖誣謬之譚，不必介意。」〔註24〕表明自己不相信鄭貴妃會害人，以獲取神宗的信任，於是授意三法司嚴刑拷打王曰乾，讓他死於獄中，迅速了結此案。

　　談遷評論此事曰：「『妖人』詛咒，是江充巫蠱之故智也，稍　其事，衛太子之禍立見。福清（葉向高）以『妖書』爲鑒，聲色不移，而奸弁之計沮矣。故曰：見怪不怪，其怪自消。」〔註25〕對於葉向高的處置，甚爲讚許。

　　其實葉向高深知王曰乾、孔學等人皆是城棍、無賴，將私人之間的恩怨擴大，企圖造成衝突。所以王曰乾所言就有很多誇張之處。如他指「妖人」，欲用「厭勝術」詛咒皇太后、皇帝、皇太子。此種說法疑點很多，因爲假如真的把神宗詛咒致死，鄭貴妃也不會接受，尤其皇太子尚未更易，福王欲登九五，更是不可能！

　　葉向高在「妖人」案的表現，可謂面面俱到，尤其對鄭貴妃、福王的尊重，使明神宗更加信賴葉向高。因此他進一步奏請速定福王之國吉期，「以息群喙，則天下恬然無事矣。」〔註26〕終於獲得首肯，解決朝臣多少年來的憂慮。但是鄭貴妃仍企圖從中阻撓。她認爲福王現在不宜之國，因爲明年（萬曆四十三年）多太后七十大壽，福王應該留下來慶賀，神宗亦表同意，令內閣宣諭，〔註27〕但向高不以爲然，不僅未宣諭，反而請神宗在是年冬提前舉行慶壽禮，使福王仍能如期之國。神宗不同意，再派中使到向高的私邸，要求其下達前諭，向高回應是：

　　皇上非爲聖母之稀齡慶，而爲福王之留行計，福王日延一日，歲延

〔註23〕有關王曰乾奏孔學詛咒之事，參見《明神宗實錄》，卷509，頁1a，萬曆四十一年六月戊子條。《先撥志始》，卷上，118～119。

〔註24〕葉向高，《綸扉奏草》（台北：偉文圖書出版社，1977年），卷20，〈爲王曰乾事情揭〉，頁1930～1931。

〔註25〕談遷，《國榷》（台北：鼎文書局，1978年），卷82，頁5062。

〔註26〕葉向高，《蒼編》（台北：偉文圖書出版有限公司，1977年），卷6，頁176。或《綸扉奏草》，卷20，〈再爲王曰乾事情揭〉，頁1934。

〔註27〕神宗向內閣宣諭：「朕思聖母聖壽稀齡在邇，朕當親率皇太子諸王恭祝大典，慶賀禮成，於次歲春三月內，著欽天監擇吉之國，卿等可傳示大小臣工，不得過生疑慮，以亂視聽。」見《蒼編》，卷7，頁202～203。

一歲，其意將以何爲？王曰乾之妖言，人皆信以爲眞，自此以後，中外喧嚷無刻安靜，而皇上之壽聖母者，乃所以累聖母矣，以皇上孝事聖母之盛心，而使人疑爲暗留愛子之私計，天下萬世其謂之何，即福王何能一刻安也。〔註28〕

神宗覽奏，徘徊嘆息，幾經考量，終於傳諭，福王明春就國。此外，促使福王就國的另一關鍵人物是李太后，她得知福王要留下來祝壽，亦表不悅，說：「我潞王可宣來壽否？」〔註29〕回絕鄭貴妃留下福王的口實，鄭貴妃嚇得不敢違逆太后旨意。且萬曆四十二年（1614）二月初九，皇太后病逝，祝壽之理由更無法成立。

但鄭貴妃的內心卻有萬般的不捨，根據明制，親王就藩後，不許入京，母子永絕，鄭貴妃因此派人去請求葉向高，希望他也能「稍看福王，無過催迫」，葉向高則回說他是爲福王好，因爲福王多延一年，不知又會生多少議論，「今日即行，則從前悠悠之譚，一旦冰釋，而天下人且交口稱頌王賢。」〔註30〕鄭貴妃爲之語塞。

據《萬曆邸鈔》載，明神宗年輕時曾與鄭貴妃，於玄天上帝廟前許願，假若鄭氏生子，便立爲太子，並書寫成合同，由鄭貴妃保管，後來鄭貴妃果眞得一子，即福王。但事隔多年，他們的心願仍無法完成，尤其在皇太后不悅以及朝臣催促的情況下，神宗決定讓福王之國，因此急於毀掉這份合同，不斷向她索回，鄭貴妃不得已交還，神宗將此合同焚燒後才寬心，不久便敲定福王之國吉時。〔註31〕此事的眞假，有待商榷，但卻顯示福王就國之事，已成定局，即使鄭貴妃無法改變神宗心意。

捨不得愛子即將遠行的鄭貴妃情緒上極度不穩定。從宮中宦官傳出的消息說，在臨行的前十天，鄭貴妃仍然企圖阻止福王之國，神宗勃然大怒，喝叱道：「予復何顏對外庭更易！」鄭貴妃才噤不作聲。〔註32〕福王終於萬曆四十二年（1614）三月離京赴河南就藩。

〔註28〕 《蓬編》，卷7，頁206～207。

〔註29〕 《先撥志始》，卷上，頁120。

〔註30〕 《蓬編》，卷8，頁249。

〔註31〕 有關神宗毀合同契約之事，見《萬曆邸鈔》（台北：古亭書屋，1968年），萬曆四十一年，癸酉卷，十二月，頁2066。但由於這段話出於「史臣曰」的記載，可能是編者所聽到的流言，未必完全是事實，可信度仍待商榷。

〔註32〕 《萬曆邸鈔》，萬曆四十二年甲寅卷，頁2082。

　　過去的幾件案例，很難明確指出鄭貴妃有參與的證據，但福王之國，鄭貴妃很明顯涉入其中。鄭貴妃之所以無法阻止福王之國，與葉向高、神宗、太后三人有相當大的關係。葉向高代表著「國本」之爭以來廷臣鞏固皇太子地位的立場，福王一日不離開京城，對皇太子就增一日之威脅，因此堅持福王就藩。至於明神宗未接受鄭貴妃的請求，並不代表神宗不再寵愛她，而是整個客觀形勢，迫使他必須考量福王之國的利害得失，尤其前不久的王曰乾案，幾乎釀成大禍，記憶猶新，他也不想再受「國本」爭議困擾，因而同意福王之國。其實神宗的考量也顧慮到李太后的反應，由於她對常洛一直相當愛顧，每每在關鍵時刻，護衛常洛，因此儘管神宗多寵愛鄭貴妃，還是以母后的意見為優先。對鄭貴妃來講，李太后令她又羨又恨！羨慕的是皇太后的威望，神宗也不得不尊重，期望自己將來亦能居於太后之位，擁享尊榮富貴；恨的是皇太后袒護長孫之心，難以動搖「國本」。由於這三人的態度，促使福王之國，留給鄭貴妃無限的遺憾與無奈。

二、「梃擊」案

　　福王就藩才一年多，宮中即爆發襲擊皇太子的「梃擊」案，鄭貴妃再次牽扯其中。

　　萬曆四十三年（1615）五月初四日酉時，一位不知姓名的男子手持棗木棍，闖入慈慶宮，將守宮門的內官李鑑打傷，並走向前殿的屋簷下，後為內官韓本用等人執縛，立即將他交給東華門守衛朱雄等人，暫行收押。次日，皇太子向明神宗奏聞此事，並將人犯交由近處法司先行審問。承辦此案的皇城巡視陝西道御史劉廷元調查後上奏，嫌犯名張差，係薊州井兒峪人，其「語言顛倒，似相風狂」、「詞無倫次」，不過其貌「黠猾」，不可不詳細審問治罪。〔註33〕

　　此案後來改由刑部審理，五月初十日，刑部郎中胡士相、岳駿聲、趙會禎、勞永嘉等人審問張差，〔註34〕擬依宮殿前射箭、放彈、投磚石傷人律，判處張差死刑。由於行刺皇太子，非同小可，刑部官員這麼迅速判張差死刑，卻不追究幕後主使者，不禁引起眾人的懷疑，也讓人聯想到這件事與鄭貴妃

〔註33〕 參見顧秉謙，《三朝要典》（台北：偉文圖書出版社有限公司，1976年），卷1，頁103～104。

〔註34〕 《國榷》，卷82，萬曆四十三年五月乙卯，頁5083。

多少有些關係。

經刑部主事王之寀暗中調查，發現張差並非瘋癲，而是有人指使他與京城的一位老太監聯絡，老太監給張差棗棍並引他進入慈寧宮，交代「撞著一箇，打殺一箇」，〔註35〕但闖入宮中沒多久，即被逮捕。王之寀認為張差的供詞尚不夠詳實，不過可以確認的是「梃擊」案幕後有人在指使。因此請張問達代為上奏，希望舉行朝審或由九卿科道、三法司會審，以便真相大白。

當時，葉向高已告老還鄉，內閣首輔改由方從哲擔任，此人一直被認為與鄭貴妃、鄭國泰關係密切，因此當他看到王之寀、張問達請求追查幕後主使者時，上疏建議神宗：「王之寀所奏，皇上亦宜從容詳審，萬毋以小人謬妄之言，致煩聖慮。」〔註36〕換句話說：方從哲認為王之寀是「小人」，希望神宗勿聽其「謬妄之言」。

但是王之寀審訊張差的供詞，早已流傳出去，舉朝官員紛紛上疏要求追究幕後主使者。其中戶部署郎中行人司司正陸大受，懷疑這是「姦畹」所為，〔註37〕陸大受雖未指名「姦畹」是那家的外戚，卻很容易讓人聯想到就是外戚鄭氏。神宗對此奏疏厭惡心煩，將其留中不發。

只是鄭國泰已按捺不住，上疏辨誣，認為「清明之世，耳目最真，臣似不必曉曉與辯。」〔註38〕但這種辯解反而有欲蓋彌彰之嫌，使問題更加複雜化。工科給事中何士晉發現鄭國泰辯詞中的破綻，因為陸大受並未指名國泰為主謀，且張差的口供仍未完全招出，鄭國泰現在如此心虛的辯駁，不得不引人更加懷疑。更何況國泰之受疑，亦非始於今日，「三王之議何由而起？《閨範》之序何由而進？「妖書」之毒何由而構？」〔註39〕何士晉的推理，更讓人覺得「梃擊」案並不是孤立事件，而是「國本」爭議的延續。他雖然明斥鄭國泰，實暗指鄭貴妃，令鄭貴妃與其外家心慌不已。

另一方面，審訊的工作仍照常進行，五月二十一日，刑部會集十三司的司官，以及相關官員共同審問張差。張差供出兩名宮中宦官的名字：龐保、

〔註35〕《三朝要典》，卷1，頁113。

〔註36〕《三朝要典》，卷1，頁118～119。

〔註37〕有關陸大受懷疑「姦畹」之由，乃他曾經在福王之國時，為了藩封踰額，參劾戚臣，因此認為這次「梃擊」，也應與他們有關，參見《三朝要典》，卷2，頁123。

〔註38〕《明神宗實錄》，卷532，頁17b，萬曆四十三年五月辛未條。

〔註39〕有關何士晉的疏文，參見《萬曆邸鈔》，萬曆四十三年乙卯卷，頁2219，或《三朝要典》，卷3，頁163～167。

劉成。原來龐保在薊州黃花山修鐵瓦佛殿，由於張差的親戚馬三舅（馬三道）、李外父（李守才）常往那兒送灰炭，因而熟識。有一天龐保與劉成商量，要李外父、馬三舅說服張差去打「小爺」（宮中對皇太子的稱呼），張差因而來到京城，就住在劉成家中，不久，即發生「梃擊」案。〔註40〕

消息傳開，群臣要求神宗逮捕龐保、劉成。由於龐保、劉成乃鄭貴妃的內侍，而且劉成還曾涉及「妖人」案，〔註41〕鄭貴妃的壓力相當大，於是向神宗哭訴，神宗為使事件儘快結束，令鄭貴妃向皇太子求情。窘迫的鄭貴妃，不得不乞哀於皇太子，表明此事與她無關，神宗並慰諭皇太子，要他向廷臣說明。太子因顧慮到此事已牽連到鄭貴妃，甚為恐懼，乃順從神宗、貴妃的意見，期望快點將此事結案。〔註42〕

但群臣仍堅持要追查元兇，神宗別無他法，只好出面安撫。由於神宗怠於朝政，不見群臣已達二十五年之久，為了「梃擊」案破例召見群臣，神宗親御慈寧宮門前，皇太子站在他的御座右邊，三位皇孫及一位皇孫女立於左階下。神宗先責怪諸臣離間他們父子，下令處死張差、龐保、劉成，不必株連他人。並牽著太子的手說：「你每都看見否，如此兒子，謂我不加愛護，譬如爾等有子如此長成，能不愛惜乎？」又道：「若自六尺孤，以至今日，朕寧有他意，天性至親，祖宗聖母，俱所深鑑，且福王距此二千里，彼能翼而至耶？」並命內侍引皇孫至石階，讓眾臣熟視。且言：「朕諸孫俱已長成，更有何說！」神宗望著皇太子，問他有何話要向諸臣說，皇太子就照先前父皇的意思，認為張差不過是瘋癲之人，快速處決，不必株連他人，並說：「我父子何等親愛，外廷有許多議論，爾輩為無君之臣，使我為不孝之子。」神宗接口問諸臣：「你每聽皇太子說，爾等離間為無君之臣，將使我為無父之子乎？」在神宗父子賣力的演出下，「梃擊」案就此了結。〔註43〕次日，張差被處以斬刑，馬三道、李守才等人發配邊疆戍守，龐保、劉成被押文華門受審，由於

〔註40〕 有關「梃擊」案的詳情，參見《萬曆邸鈔》，萬曆四十三年乙卯卷，頁 2205 ～2214。

〔註41〕 「先是，百戶王曰乾上變，言奸人孔學等為巫蠱，將不利於皇太子，詞已連劉成。成與保皆貴妃宮中內侍也。至是，復涉成。帝心動，諭貴妃善為計。」見《明史》，卷 244，〈王之寀傳〉，頁 6345。

〔註42〕 參見李遜之，《三朝野記》（台北：文海出版社，明清史料彙編三集〔17〕，1968 年），卷 1，〈泰昌朝〉，頁 147。

〔註43〕 有關明神宗召見群臣的過程，詳見《三朝要典》，卷 3，頁 168～179。《明神宗實錄》，卷 532，頁 20a，萬曆四十三年五月癸酉條。

張差已死，龐、劉咬口不識他們，但仍有臣子不善罷干休，神宗恐夜長夢多，暗中在宮內將其處決。

此次「梃擊」案，鄭貴妃竟能使久未上朝的神宗，再度臨朝；與她有三十餘年恩怨的朱常洛也願意爲她說情，可見她在萬曆後期的政治上仍具有相當程度的影響力。

大體而言，東林人士幾乎一致認定鄭貴妃是「梃擊」案的幕後主使者。尤其鄭貴妃與劉成、龐保的主僕關係，更是最直接的證明。但細加考察仍有諸多疑點，因爲謀殺東宮的方法很多，歷史上也不乏案例，只是找一個鄉下百姓，拿著棗棒單獨進入重重警戒的宮中去打皇太子，畢竟有失常理。反過來看，如果張差的闖宮確有人指使，那麼指使者顯然並不希望打死太子，而只想獲得某種轟動性的效應。因此若是鄭貴妃指使的，她可能最不希望有這樣的結果。〔註44〕

談遷就認爲：「彼二璫雖翊坤宮之重閹，果有異志，莽之酖酒，冀之毒餅，不妨深祕。乃藉手外人，覬不可成之事哉！」〔註45〕因爲如果要加害皇太子，可以用酖酒、毒餅加害，何必假藉外人之手。但也有人認爲下毒之事並不易做到，一是各宮的太監、宮人，都各司其職，各保其主，對於毒死皇儲、冒天下大不韙的事情，他們既不敢做，也不忍心做。二是即使買通了個別閹人，案發以後，整個宮中宦官、宮人都會受到株連，重刑之下，必然招認事實。三是這種作法更容易引起群臣對鄭貴妃的懷疑，故選定用外人「梃擊」的辦法。〔註46〕不過，值得注意的是，即使「梃擊」得逞，皇長孫當時已十一歲，福王也無法取得皇位，因此鄭貴妃似乎沒有必要去加害常洛。

由此可見，鄭貴妃不一定是「梃擊」案的幕後主使者，不過她身邊的內侍涉及此案，她就必須承擔部份責任，畢竟她沒有約束好身邊的內侍，發生此事，自然難辭其咎。〔註47〕況且她的受寵不衰，對朱常洛的皇太子地位，隨時都是一種威脅，因此只要有一絲危及「國本」之事，鄭貴妃就成爲群臣

〔註44〕苗棣，《魏忠賢專權研究》（北京：中國社會科學出版社，1994年），頁48。

〔註45〕同前註。

〔註46〕何寶善等，《萬曆皇帝朱翊鈞》（北京：燕山出版社，十三陵帝王史話叢書，1990年），頁207。

〔註47〕如果鄭貴妃並未授意「梃擊」，而是由身邊宦官私下所爲，有可能是因爲鄭貴妃對福王的「期許」曖昧不明，讓身邊的人認爲鄭氏仍有意奪嫡，爲了完成主子的心願，故自作主張，因而發生「梃擊」案。

攻擊的對象。

另一方面，鄭貴妃的家人因她受寵而顯貴，不免樹大招風，以致民間發生詐欺集團假冒鄭家之人，到處行騙的事件。〔註48〕何況像「梃擊」案這麼重大的事件，自然讓人聯想到與鄭貴妃姊弟有關。而且鄭國泰私結黨翼，似乎另有所圖，使得東林黨人認為他有「睥睨神器，化家為國」〔註49〕的野心。而鄭貴妃未能適時約束戚臣，使得鄭國泰毫無忌憚，也對其妃德有所損害。

最後必須注意的是，「梃擊」案之所以喧騰朝野，是因為士大夫的言論大開，結黨互鬥，鄭貴妃在「梃擊」案中，遂成為其箭靶。到了天啟朝，「梃擊」案的相關人物更成為東林、閹黨互相批判、平反的對象，魏忠賢的人馬改變了「梃擊」案的內容，認為「王之寀故捏虛詞，口授逼供，離間宮闈，誣陷多命，罪已滔天，卻又嚇詐鄭國泰銀兩至于二萬。」〔註50〕這樣的捏造之詞似乎在為鄭國泰「洗刷冤屈」，連帶使鄭貴妃得以「平反」，但對鄭氏姊弟已沒有多大意義（因為鄭貴妃已遠離政治圈，鄭國泰則早已過世），只是又成為另一波黨爭的工具而已。

第三節 「紅丸」案與鄭貴妃的關係

萬曆四十八年（1620）七月，明神宗駕崩，皇太子朱常洛在同年的八月一日繼承帝位。但即位不久，因誤服瀉藥與「紅丸」而斃命，引起諸多的懷疑，演變成另一場黨爭。此事史稱「紅丸」案，而鄭貴妃也被捲入這場風波之中。

這一年亦是鄭貴妃生命中轉折的一年。該年四月初六，王皇后過世，〔註51〕對鄭貴妃而言，這是「遲來的好消息」，當年立儲風波中，就傳說王皇后不久人世，因此鄭貴妃在等王皇后一死，她就有機會繼任皇后，兒子福王就可順理成為嫡子。奈何事與願違，王皇后並未早卒。

等到王皇后死時，神宗的病情正急劇加重，故未處理封后之事，到了七

〔註48〕晚明北京曾發生婦人詐騙事件，這群婦人，分別假扮鄭國泰之夫人、女兒、保姆，謀得銀兩古玩。見嚴虞惇，《艷囮二則》（台北：新興書局，筆記小說大觀，5 篇 6 冊，1974 年），〈嚴思庵先生隨筆〉，頁 3211～3217。
〔註49〕此言出自王之寀於天啟二年二月，上疏要求重審「梃擊」案。見沈國元，《兩朝從信錄》（台北：台灣華文書局，1969 年），卷 12，頁 1303。
〔註50〕《三朝要典》，卷 8，頁 413～414。
〔註51〕《明神宗實錄》，卷 593，頁 1b，萬曆四十八年四月癸丑條。

月二十一日便撒手西歸，只留遺言要皇太子加封鄭貴妃爲皇后。其實王皇后死後，神宗之所以未立即封鄭貴妃爲皇后，而一直託到臨終才說，是有原因的。因爲「梃擊」案之後，朱常洛的太子地位已穩固，若是這時冊立鄭貴妃爲后，嫡庶問題必將再被提出，又會掀起波瀾，這恐非身染重病的神宗所樂見，因此將中宮之位懸缺，消弭端禍，至於爲鄭貴妃立后之事，就留給朱常洛去處理。

神宗駕崩次日，朱常洛傳諭內閣：「父皇遺言：『爾母皇貴妃鄭氏，待朕有年，勤勞茂著，進封皇后。』卿可傳示禮部查例來行。」〔註52〕他對父皇的遺言，深覺不妥，因此詢問禮部意見。禮部右侍郎孫如游上疏曰：

　　臣詳考累朝典故，並無此例，……夫善繼善述，正須斟酌于義，若
　　義不可行，則遵命非孝，遵禮爲孝，臣若不顧義禮而曲徇意旨，則
　　又欺罔不忠，臣不敢以不忠事主，尤仰冀殿下以大孝自居也。〔註53〕

由於孫如游對立后之事不表贊同，此事因而暫時擱置，八月一日，朱常洛登基，即明光宗。但他仍爲此事困擾不已，首輔方從哲認爲「事出創聞，例無可據。」〔註54〕建議將進封鄭貴妃之旨「尊藏於閣中，不必外傳。」〔註55〕此議才告平息。

另一方面，光宗即位後，除了忙於國事之外，還沈迷於女色，使得原本虛弱的身體很快就垮下來。《先撥志始》記載光宗「退朝內宴，以女樂承應，是夜一生二旦，俱御幸焉，病體由是大劇。」〔註56〕八月十日，光宗就病倒了，「召醫診脈」。〔註57〕到了八月十二日勉強視朝，自此就病臥在床。後來掌御藥房太監崔文昇進「通利藥」（即瀉藥），加速光宗病情惡化，造成他「一晝夜三四十起，遂支離床褥間」，〔註58〕不僅「幾夜不得睡，日食粥不滿盂」〔註59〕，而且「頭目眩暈，四肢軟弱，不能動履。」〔註60〕趨於衰竭狀態，皇長子朱由

〔註52〕《明光宗實錄》，卷2，頁2b，萬曆四十八年七月丁酉條。
〔註53〕同前註。
〔註54〕《國榷》，卷48，泰昌元年八月壬戌，頁5168。
〔註55〕同前註。
〔註56〕《先撥志始》，卷上，頁131。
〔註57〕《國榷》，卷84，泰昌元年八月乙卯，頁5166。
〔註58〕楊漣，〈鄭貴妃移宮及召對併李選侍移宮兩朝始末記〉，《楊大洪先生文集》（台北：藝文印書館，百部叢書集成〔26〕，正誼堂全書，第20函，1968年），頁41b。
〔註59〕同前註，頁42b。
〔註60〕《兩朝從信錄》，卷1，泰昌元年八月，頁116～117。

校不禁泣訴：「皇爹爹素固健甚，今諸奴捉弄如此，如何了！」〔註61〕

後來光宗又召御醫陳璽診視，首輔方從哲從陳璽得知病情，便上疏勸光宗：「以不服藥保養爲上策，蓋慾寡心清，元氣自固，視藥餌之功，奚止百倍。」〔註62〕意即希望光宗節制情慾。兵科右給事中楊漣對於光宗的病情，則是從崔文昇誤用藥物來批判，他上疏道：

> 前日外傳流言曰：興居之無節，侍御之蠱惑，必文昇之藉口，以蓋其誤藥之奸，與文昇之黨，四出煽播，以掩外廷攻摘文昇之口耳，既益聖躬之疾，又損聖德之名。〔註63〕

楊漣藉謠傳之說，希望光宗能節制，免得有損聖德之名。但很技巧的說這是崔文昇之黨所散佈的謠言。畢竟崔文昇誤進瀉藥，使光宗病情加速惡化是不容否認的事實。他更懷疑幕後有主使者，因爲崔文昇調藥多年，不聞有誤，爲何調藥給光宗，就出此差錯，這是「有心之誤耶？無心之誤也？」〔註64〕楊漣的疑問是有其根據的，因爲外戚郭家振、王天瑞早先曾獲知宮中的消息，轉告臺省，訴說宮禁危狀，並指出：「貴妃進文衣之媵，若而人又以其傅婢，探刺微密，崔文昇藥故也，非誤也。」〔註65〕楊漣聞之，不禁心膽俱裂，遂上疏彈劾崔文昇。

光宗看到楊漣的奏疏，次日，便召見群臣，對自己的病情作了說明：「朕在東宮感寒症調理未痊，值皇考妣相繼大喪，典禮殷繁，悲傷勞苦，朕不進藥已兩旬餘，卿等勿聽小臣言。」並要身旁的皇長子由校，重複念一遍。〔註66〕光宗把病情歸因於舊病未癒及悲傷過度，而非謠傳的起居毫無節制，以維護自己的名譽；又提到已經二十多天未用藥，等於否認服過崔文昇的瀉藥。爲何光宗要替崔文昇脫罪？此事與鄭貴妃的關係應爲一大關鍵。

原本光宗對鄭貴妃心存恐懼，但自從「梃擊」案發生後，常洛的皇太子地位確立穩固，他的生活有了很大的改變。改變最明顯的當屬鄭貴妃對她的態度，她對常洛一反過去所爲，努力地奉承。尤其光宗登基之後，鄭貴妃爲

〔註61〕楊漣，〈鄭貴妃移宮及召對併李選侍移宮兩朝始末記〉，前揭書，頁42a。
〔註62〕《兩朝從信錄》，卷1，泰昌元年八月，頁123。
〔註63〕楊漣，〈敬陳保攝疏〉，前揭書，頁16a～16b。
〔註64〕同前註，頁16b。
〔註65〕張潑，《庚申紀事》（台北：藝文印書館，百部叢書集成〔48〕，借月山房彙鈔，第3函，1967年），頁3b。
〔註66〕《明光宗實錄》，卷7，頁10b，泰昌元年八月辛未條。

了請光宗完成神宗的遺命，封她爲后，曾進奉八位美女，供其淫樂，博取光宗的好感，二人關係似已漸趨融洽。而崔文昇原本是鄭貴妃的心腹，〔註67〕光宗可能顧慮此事若追究下去，鄭貴妃又必成爲禍首，不免引起另一場爭端，且亦有損自己的聲譽，因此不得不祖護崔文昇。

不過，這時光宗已自知病情嚴重，準備交待後事。八月二十九日，光宗召見輔臣方從哲等十三人到乾清宮，皇長子由校隨侍在旁，諸臣問安之後，光宗看著朱由校說：「卿等輔佐爲堯舜」，又問到壽宮的事情，諸臣以爲問的是神宗的皇陵事宜，但光宗卻說：「是朕壽宮。」諸臣驚慌的說：「聖壽無疆，何遽及此？」光宗強調此事要緊。又問：「鴻臚寺官進藥何在？」方從哲答：「李可灼自云仙丹，臣未敢輕信。」光宗即刻宣李可灼進宮，諸臣告退後，李可灼才到達，診視畢，談到病源及治療方法，認爲適合用此仙丹，光宗甚悅，下令進藥，光宗飲後身體舒暢，直稱李可灼是忠臣。不久，在外等候的諸臣得到消息：「聖體用藥後，煖潤舒暢，思進飲膳。」諸臣非常歡喜，才告辭。過了三個時辰，已近傍晚，光宗覺得藥力已盡，又進食一丸，但到了次日（九月一日）清晨，光宗便駕崩矣。〔註68〕

光宗的死因，朝中東林派人士皆認爲此爲庸醫誤診，因爲：「先帝之脈，雄壯浮大，此三焦動火；面脣赤紫，滿面火升，食粥煩燥，此滿腹火結；宜清不宜助，明矣。紅鉛乃婦人經水，陰中之陽，純火之精也，而投於虛火燥熱之症，幾何不速之逝乎！」〔註69〕然李可灼認爲「紅丸」有效，只是「先帝聖恙已值氣盡血枯，故日巳至未，纔歷三時，藥力覺盡，而聖體遂弱，藥雖有效，能接氣於如線之時，而不能續命於既熄之後。」〔註70〕李可灼的說法，雖有爲自己辯護之嫌，但他點出光宗「氣盡血枯」亦是事實，所以光宗即使不食「紅丸」也難逃一死。

光宗的遽爾崩逝，引發了朝中嚴重的爭議。由於當時東林與齊、楚、浙三黨已互鬥許久，〔註71〕一向以保護光宗安危自許的東林黨，不斷的追究誰

〔註67〕《明史》載：「崔文昇者，鄭貴妃宮中內侍也。光宗立，陞司禮秉筆，掌御藥房。」見該書，卷305，〈宦官‧崔文昇傳〉，頁7827。
〔註68〕參見：《明光宗實錄》，卷8，頁7b～8b，泰昌元年八月甲戌條。《明史》，卷240，〈韓爌傳〉，頁6244～6245。
〔註69〕《兩朝從信錄》，卷2，泰昌元年九月，頁164。
〔註70〕《三朝要典》，卷15，頁855～866。
〔註71〕「向高秉政時，黨論鼎沸。言路交通銓部，指清流爲東林，逐之殆盡。及從哲秉政，言路已無正人，黨論漸息，丁巳京察，盡斥東林，且及林居者。齊、

是謀害者。最明顯的是光宗病情會急劇惡化乃至駕崩，崔文昇、李可灼都可算「弒君者」。但東林黨人認為，崔文昇是鄭貴妃的屬下宦官，李可灼是方從哲引進宮的，而方又與鄭貴妃關係良好，因此，「紅丸」案的主使者應是內廷的鄭貴妃與外廷的方從哲。之所以有這樣的聯想，主要是因鄭貴妃封后之事，當時許多人都反對，惟方從哲態度曖昧，未置可否，給事中惠世揚上疏稱：

> 鄭貴妃包藏禍心，宮中以因皇祖有所牽制而不肯發，先帝有所顧忌而不忍言。封后之舉，先帝蓋有深意，滿朝臣子于九廟之傍，倡義執爭，從哲兩可其間，一揭僅爾塞責，假非先帝英明，斷從利臣之言，明示輟止，階之為禍，何可忍言，是從哲平日之交連，而忘宗社之隱禍也。〔註72〕

因此認定方從哲與鄭貴妃及其戚畹互相結援。東林士大夫更痛斥他：「獨秉國成，慣結奧援，止知有貴妃，不知有君父，包藏禍心，其姦惡，更在沈四明（沈一貫）上矣。」〔註73〕

更激起群臣憤慨的是，方從哲用光宗遺詔的名義，擬賞李可灼銀五十兩，以致群情嘩然。史稱方從哲：「性柔弱，不能任大事。」〔註74〕在眾人猜疑之際，方從哲還藉遺詔賞賜備受指責的李可灼，這樣處置失當的作法，無怪乎廷臣懷疑崔文昇、李可灼的進藥可能是一種陰謀，而方從哲可能就是其中的弒逆者。

御史王安舜認為方從哲「輕薦庸醫之罪亦不小。」〔註75〕禮部尚書孫慎行更直接建議：「從哲宜如何處焉？速劍自裁，以謝皇考（光宗）。」〔註76〕有人甚至認為方從哲之推薦庸醫，主要是因屈從外戚鄭氏的勢力。高攀龍痛斥：「方從哲之罪，非止『紅丸』，其最大者乃在交結鄭國泰。國泰父子所以謀先帝不一，始以張差之梃，繼以美姝之進，終于文昇之藥。而方從哲力左右之。培植其為鄭者，鋤擊其不為鄭者。一時若狂知有鄭氏而已，此賊臣也。」〔註77〕給事中魏大中言：「闌入慈慶，非張差之意，固鄭國泰之意也。投劑益

　　楚、浙三黨鼎立，務搏擊清流。」見《明史》，卷78，〈方從哲傳〉，頁5760。
〔註72〕《兩朝從信錄》，卷2，泰昌元年九月，頁193～194。
〔註73〕此言出自尚書王紀、侍郎楊東明奏議。見《三朝要典》，卷13，頁668。
〔註74〕《明史》，卷78，〈方從哲傳〉，頁5760。
〔註75〕《兩朝從信錄》，卷2，泰昌元年九月，頁165。
〔註76〕《兩朝從信錄》，卷13，天啓二年四月，頁1433～1434。
〔註77〕《三朝要典》，卷15，頁833～834。

疾，非崔文昇之意，固鄭養性之意也，而執政者何又不問也？」推測主要原因在於方從哲讓其依恃，才能施計，故必須處分方從哲。〔註78〕

　　彈劾方從哲的奏疏不斷，讓方從哲百口莫辯，後來內閣輔臣韓爌上疏，把「紅丸」進呈的過程，公諸於眾，〔註79〕吏部尚書張問達、戶部尚書汪應蛟也證實「紅丸」是光宗要求服用的。後來李可灼判為流戍，崔文昇發譴南京，「紅丸」一案，才暫時落幕。

　　其實我們可以發現，整個「紅丸」案中，東林黨人最主要的攻擊對象是方從哲，而鄭貴妃及其戚畹卻也受到波及，就在於大家懷疑他們「裡應外合」，謀害光宗。只是鄭貴妃此時已沒有謀害光宗的理由，因為即使害死光宗，皇位繼承人是皇長子由校，而非福王朱洵。而且為了穩固自己在宮中的地位，鄭貴妃也致力於改善雙方的關係，遑論加害於他。不過，鄭貴妃進獻美女，以迷惑光宗，難辭其咎。

　　然而在「紅丸」案中，爭議焦點集中在崔文昇用瀉藥、李可灼進「紅丸」的問題上，因為過於詳述進奉八美女，便凸顯光宗是荒淫之君，有損聖德。若把光宗的死因，歸於誤診吃錯藥，便可減少大家對光宗耽溺女色的追究；另一方面，也可使攻擊方從哲的火力更為集中，畢竟他與鄭國泰父子交情匪淺，宮中又有鄭貴妃依恃，加上多年前的「梃擊」案一些疑慮，與「紅丸」案一併討論，「紅丸」案就更被認為是一場政治陰謀。

　　除了方從哲備受攻擊外，鄭養性也飽受批評。鄭養性為鄭國泰之子，而「紅丸」案發生時，鄭國泰早已過世，改由養性當家。有些朝臣將過去的恩怨，投射在他身上。如天啟二年（1622），御史溫皋謨彈劾鄭養性，指責他：「凌轢孝端皇后，致憤激而不能自安；摧殘孝靖皇后，至飲恨而不得一訣；孝和皇后誕育聖躬，梓宮不能成禮。」〔註80〕永寧伯王天瑞上疏參鄭養性「逼死國母，陰弒先帝，權凌人主，富敵萬方。」〔註81〕幾乎把鄭貴妃、鄭國泰以前的「罪嫌」全部加諸於他，不免失之偏頗。

　　總之，光宗之死，實由縱慾過度與誤食藥物，但在晚明政爭激烈的情況下，卻被賦予複雜的政治意涵。東林黨人急於擊倒方從哲，包含不少舊恨新

〔註78〕《三朝要典》，卷11，626～627。
〔註79〕參見《明史》，卷240，〈韓爌傳〉，頁6244。
〔註80〕《明熹宗實錄》，卷17，頁9a，天啟二年六月己卯條。
〔註81〕《明熹宗實錄》，卷29，頁3a，天啟二年十二月丙寅條。

仇，尤其萬曆四十五（1617）年丁巳京察，朝中東林人士及正直官員紛紛被
黜，而且方從哲又不能任大事，致使朝政大壞。有抱負的東林黨人，無不想
扳倒他。而「紅丸」案就是最好的時機。日後，閹黨在替方從哲平反時，亦
認為丁巳京察之爭，使東林黨人衡恨，故藉機圖謀。〔註82〕至於鄭貴妃，因
為過去的「國本」爭議、「梃擊」案中，只要涉及到她，便可將事情擴大，引
人注意。儘管這次「紅丸」案，她並未介入，但光宗在位短短一個月期間，
她積極謀取名分的作法，引人非議，而本案的相關人士：方從哲、鄭養性、
崔文昇，都與她有關係，因此不免又成為眾矢之的。只是，鄭貴妃對政治的
影響力已大不如前，逐漸淡出歷史的舞台了。

表2：國本之爭與三案相關的大事年表

時間	萬曆	大事
1582	10	3月，神宗宣布冊封九嬪，包括：淑嬪鄭氏。 6月，首輔張居正去世。 8月，宮女王氏（恭妃），生皇長子朱常洛。
1583	11	8月，淑嬪鄭氏冊封為德妃。 11月，德妃鄭氏生皇二女。
1584	12	7月，恭妃王氏生皇四女。 8月，冊封德妃為貴妃。
1586	14	1月，鄭貴妃生皇三子常洵。 3月，冊封鄭氏為皇貴妃，國本之爭開始。
1587	15	鄭貴妃生下皇四子朱常治，早夭。
1588	16	山西道御史陳登雲彈劾鄭貴妃的父親鄭承憲。 鄭貴妃生下皇六女靈丘公主，早逝。
1589	17	12月，大理寺左評事雒于仁甚至上疏，認為神宗患了「酒色財氣」之病，引起神宗震怒。
1590	18	元旦，神宗安排閣臣與皇長子與皇三子見面。 鄭貴妃兄國泰上奏請立皇長子為東宮一事，引起群臣質疑與神宗

〔註82〕《三朝要典》，對於禮部尚書急於攻擊方從哲，提出看法：「蓋慎行丁巳被察，
從哲實在政府，黨人乘其悻悻，終日唆弄，以快其謀，希圖柄用，其能避天
下萬世之耳目哉！」（見《三朝要典》，卷10，頁526～527。）這段話，雖然
對孫慎行等黨人，以負面字眼批評，但卻也反映丁巳京察，造成東林黨人的
遭黜，對方從哲不免有所怨恨。

		的不諒解。
1592	20	鄭貴妃生下皇七女壽寧公主。
1593	21	神宗向首輔王錫爵提「三王並封」，群臣反對，神宗收回成命。
1594	22	皇長子朱常洛出閣講學。 顧憲成講學於東林書院，諷議朝政，東林黨議之始。
1598	26	＜憂危竑議＞妖書案起。
1601	29	立皇長子常洛爲太子。
1602	30	太子常洛舉行婚禮。
1603	31	＜續憂危竑議＞妖書案，首輔沈一貫趁機陷害政敵。
1605	33	11 月，皇長孫朱由校誕生。
1606	34	冊封王恭妃爲皇貴妃。
1608	36	閣部請東宮出閣就學。
1611	39	太子的生母王貴妃去世。
1613	41	6 月，王曰乾案（妖人案），首輔葉向高處理明快。
1614	42	2 月，李太后病逝。 3 月，福王常洵就藩。
1615	43	梃擊案，神宗召見群臣，了結此案。
1616	44	太子曠期十幾年後，再度出閣講學。
1620	萬曆 48 年 與 泰昌 元年	4 月，王皇后去世。 7 月，神宗駕去世，遺命立鄭貴妃爲后，未果。 8 月，太子常洛繼位，即光宗，鄭貴妃搬離乾清宮。 8 月 16 日，鄭貴妃進獻八姬給光宗。 9 月 1 日，光宗因服「紅丸」去世。 9 月 5 日，李選侍移出乾清宮，次日，明熹宗朱由校即位。

第四章　李選侍與泰昌政局

　　泰昌初年，由於光宗的驟然駕崩，皇長子由校被迫繼位，但在登大位過程中，卻發生了「移宮」案。而此案的關鍵人物，即西李選侍，[註1] 本章主要探討李選侍是否有干預政事的野心以及「移宮」案後，爲何她仍是群臣的爭議人物，藉以反映當時政爭的情形。

第一節　「移宮」案中的李選侍

一、李選侍與明光宗父子

　　根據《三朝要典》的記載，李選侍爲「先帝二十年寵嬪」，[註2] 即光宗還是皇太子的時候，就服侍在側。而光宗在萬曆三十年（1602）才迎娶皇太子妃，因此所謂「二十年」，可能只是約數，李選侍大概是在光宗完婚時，或稍後才進宮的。

　　李選侍曾撫育監護過當光宗之子由校、由檢，即日後的熹宗、思宗。由校的生母王氏，在萬曆三十二年（1606）晉封爲才人，但在萬曆四十七年（1619）過世，當時由校才剛滿十三歲，神宗乃命西李撫育。[註3] 不過神宗會有這樣

〔註1〕光宗時，宮中有二李選侍，人稱東、西李。西李最受寵；東李仁慈寡笑，寵不及西李。見《明史》（台北：鼎文書局，1976 年），卷 144，〈后妃二〉，頁 3541～3542。

〔註2〕顧秉謙，《三朝要典》（台北：偉文圖書出版社，明季史料集珍，1976 年），頁 1293。

〔註3〕光宗曾提及朱由校之母死後，李選侍：「奉先帝旨委托撫育。」見《明光宗實錄》，卷 7，頁 9b，泰昌元年八月庚午條。

的決定，與李選侍的積極爭取有關，因為她不僅委託光宗奏請，另外，又密懇鄭貴妃遊說神宗，而獲看管權力。〔註4〕至於由檢的母親劉氏，原本只是宮中的淑女，在萬曆三十八年（1610）生子後，仍然不得光宗寵愛，後因故受罰而死，光宗亦囑李選侍照顧，可見李選侍頗受光宗的重視。

但由校兄弟在李選侍的照管下，過得很不愉快，由校登極後，回憶起這段時期：

> 朕蒙皇考派在選侍照管，朕不在彼宮居住，其飲膳衣服，皆係皇祖、
> 皇考所賜，與選侍毫無相干。只每日往選侍宮中行一拜三叩禮，因
> 不往他宮住，選侍之恨更深，其侮慢凌虐不堪，朕晝夜涕泣六、七
> 日，此闔宮内臣宮眷共見，而不忍言者。皇考自知派與李選侍爲悞，
> 每自來勸朕，見朕涕泣不止，使各官勸解朕，惟每日往朝李選侍以
> 尊皇考之命，而不居其宮，此與親疏自有分別，朕每暗忖皇五弟，
> 亦在李選侍家，朕涕泣啾唧，李選侍未有憂色。〔註5〕

這段話，不僅流露出光宗父子的骨肉之情以及由校、由檢的手足之情，也生動地說明了朱由校與李選侍之間不和諧的關係。

據傳李選侍原是鄭貴妃宮中的私人，〔註6〕二人關係十分密切，光宗即位後，鄭、李相互勾結，向光宗請封爲皇后、皇太后。〔註7〕諸臣得知鄭李互相請封消息，頗不以爲然，楊漣便認爲：「皇長子非選侍所愛。選侍后，嫡矣，他日將若何？」可見由校不受李選侍的疼愛，外廷早有所聞，深怕李選侍成爲皇后，朱由校的嫡子地位，可能有所改變。因此楊漣建議禮部右侍郎孫如游，光宗若提冊封李選侍之事，應予延緩。孫如游深表同意。

後來光宗臥病在床，數度傳諭禮部要冊封李選侍爲貴妃，向大臣說明她侍奉勤勞，照顧由校視如親子。有一次還命由校、由檢兄弟一起出來見大臣，光宗說：「選侍數產不育，止存一女。」又言：「皇五子亦無母，亦是選侍看管。」

〔註4〕劉若愚，《酌中志》，卷14，〈客魏始末紀略〉，頁205。

〔註5〕《三朝要典》，卷18，頁1010～1012。

〔註6〕給事中惠世揚曾在彈劾方從哲的疏文提到：「李選侍原爲鄭氏私人，麗色藏劍。」見《兩朝從信錄》，卷2，泰昌元年九月，頁194。

〔註7〕有關鄭貴妃與李選侍的相互勾結，見張潑，《庚申紀事》（台北：藝文印書館，百部叢書集成〔48〕，借月山房彙鈔，第3函，1967年），頁2a，載：「時聞鄭貴妃曲謹事帝，能食其意，知李選侍房燕尤寵，爲請封后以結驩，選侍亦爲鄭請封太后。」

〔註8〕目的就是要讓大臣知道，李選侍雖然數產不育，但有撫養皇子之功，理應冊封。但光宗的催促，並不符程序，孫如游便認爲，應先爲光宗的嫡母、生母上尊謚，再加封郭元妃、王才人爲皇后，才能冊封皇貴妃，如此才合乎禮制，光宗雖然著急，也只好按照禮部的建議，延到九月再冊封。〔註9〕

後來光宗已知不久人世，加上李選侍不斷向他慫恿，八月底，光宗再次召見諸臣，又提及封李選侍爲皇貴妃之事。李選侍躲在房裏帷幔中偷聽，光宗尚未說完，便掀起帷幔，張手拉由校進去，囑其代爲傳話，由校出去便向光宗說：「皇爹爹，要封皇后。」君臣都愣住了，光宗未料李選侍如此心急，不免擔心由校，再三叮嚀諸臣：「輔他要緊。」〔註10〕其實這正反映出由校活在李選侍陰影中的痛苦與無奈。日後，由校回顧此事，還覺得「至今尚含羞報。」〔註11〕

諸臣對李選侍強迫由校轉話之舉，深感錯愕，劉一燝即表示：「帝顧念大臣不已，若不欲委身婦寺者，邀福於天，爲萬季明天子，彼朱衣人（李選侍）何無忌憚，若是，各雪涕而出。」〔註12〕而楊漣對李選侍的作爲不勝忿激的說：「此悍然舉動，似非知有顧惜忌憚者，萬一事權到手，豈僅僅名封，足了其稱制垂簾之意乎哉？」〔註13〕從這些言論，也透露出大臣對李選侍可能染指政治的憂心。

然而光宗於次日清晨駕崩，李選侍連皇貴妃都當不成，更遑論當皇后。眼前所要面對的問題，就是如何鞏固自己的名位，而她採取的方式就是霸佔乾清宮。這種作法，不可不說受到鄭貴妃的影響。

二、鄭貴妃「移宮」的啓示

神宗臨終前，王皇后才過世幾個月，鄭貴妃隨即趁機遷進乾清宮，服侍

〔註8〕光宗第一次在病榻前召見大臣的日子，爲泰昌元年八月二十三手庚午。對談內容，見《三朝要典》，卷17，頁913～914。

〔註9〕有關孫如游的回應，見《三朝要典》，卷17，頁919～320。

〔註10〕有關光宗臨終前最後召見大臣的情形，參見楊漣，〈鄭貴妃移宮及召對併李選侍移宮兩朝始末記〉，《楊大洪先生文集》（台北：藝文印書館，百部叢書集成〔26〕，正誼堂全書，第20函，1968年），卷上，43b～44a。

〔註11〕《國榷》，卷84，光宗泰昌元年九月辛丑，頁5181。或《三朝要典》，卷18，頁974。

〔註12〕張潑，前揭書，頁6b。

〔註13〕楊漣，〈敬述移宮始末疏〉，前揭書，頁19a。

神宗，神宗死後，她仍住在乾清宮中，不肯搬離。光宗登基，鄭貴妃依舊無搬離的意思，廷臣忍無可忍，由尚書周嘉謨採納言官楊漣、左光斗的意見，以大義責備鄭貴妃的姪子鄭養性：

> 汝姑娘（鄭貴妃）當無他意，不過只欲汝守富貴，我等文武在此，若聽我等言，當爲君包管，若不聽我等言，胡亂想，如要封太后事，誰肯等你做，無論汝前番許多說話，今尚未乾淨，還要不避嫌疑，莫說富貴不可保，身家還不可知，鄭慧人也當移慈寧宮。〔註14〕

周嘉謨向鄭養性分析利害，並加以施壓，迫使鄭養性上疏請求收回封后的遺命，〔註15〕鄭貴妃也不得不搬離乾清宮。由於乾清宮爲天子所居，權位所在，非他人可居於此。楊漣就批評鄭貴妃的行徑乃：「婦人女子，愚不知禮，妄不安分。」畢竟「名分自嚴，僭踰難容。」必爲群臣所討伐。〔註16〕因此鄭貴妃的「移宮」，象徵名分權位也跟著消失。

這件事後，鄭貴妃已無特權，因此可能將賭注押在李選侍身上。傳說光宗駕崩後，鄭貴妃與李選侍即密謀擁留皇長子，「欲邀封太后及太皇太后，同處分政事。」〔註17〕傳言眞假雖無從稽考，〔註18〕鄭、李二人若欲擁留皇長子亦可以理解，顯然他們都意識到上次「移宮」案的教訓，才會出此計策。

李選侍跟鄭貴妃的處境雷同，都是先皇最寵幸的宮人，然而李選侍只是一個準皇貴妃，因此她必須儘速得到正式的名位，而最快的方法，即霸佔乾清宮，控制即將擔任皇帝的由校。在這一點上，李選侍是頗有自信的。由校自從由她監護撫養後，凡事聽命於她，因此李選侍認爲，只要控制住新君，就不致落得與鄭貴妃相同的下場。

總括而言，李選侍是鄭貴妃的「翻版」，且有過之而無不及，兩者皆有意爲后，但在謀位的方法上，鄭貴妃比較含蓄，善用心機，所以她可以等，等到王皇后辭世才爭取，可惜當時神宗已病入膏肓，且繼任的光宗並不是一個能替她作主的人；但李選侍就無法等，光宗和諸臣討論封皇貴妃之事，本是

〔註14〕楊漣，〈鄭貴妃移宮及召對併李選侍移宮兩朝始末記〉，前揭書，頁42b。
〔註15〕《明光宗實錄》，卷6，頁10b，泰昌元年八月甲子條。
〔註16〕有關楊漣對鄭養性請收封后成命的感想，參見楊漣，〈敬陳保攝疏〉，前揭書，頁17a～18a。
〔註17〕《先撥志始》，卷上，頁133。
〔註18〕假如光宗崩逝的話，李選侍、鄭貴妃當然須替自己規劃，而當太后、太皇太后，是最理想的事，亦是合理的推論，但形容二人有「同處分政事」之心，則頗令人懷疑的。以鄭貴妃的個性，謀得名位，比「同處分政事」來得重要。

一種恩寵，李選侍卻立即表達她想當皇后的心意，正顯示了她的急躁。至於她謀位的目的，是為了求取名分，或是干預政事的企圖，便成了群臣爭議的焦點。

三、「移宮」案的過程

泰昌元年（1620）九月一日，光宗駕崩，群臣聞訊，準備到乾清宮哭臨（帝后死喪，集眾定時舉哀），並討論如何安置皇長子由校。多數大臣認為皇長子無嫡母、生母，需要有人照顧，因此周嘉謨、張問達、李汝華等人考慮繼續託付給李選侍。兵科右給事中楊漣甚表反對，他認為李選侍是個「素無恩與德之少年婦人」，恐養虎遺患，建議到乾清宮之後，高呼萬歲，請皇長子移居慈慶宮，以擺脫李選侍的挾制，結果楊漣之議，獲得大家的同意。

群臣至乾清宮後，為守門的宦官阻擋，楊漣嚴屬斥罵，宦官們自知理虧，不敢再阻撓，諸臣始得以進入乾清宮哭臨。禮畢之後，未見皇長子，禮部尚書兼東閣大學士劉一燝責問宦官：「皇長子當柩前即位，今不在，何也？」宦官們左右閃避，閉口不對。這時太監王安上前回話：「為李選侍所匿耳。」劉一燝大聲喝道：「誰敢匿新天子者？」王安請他們稍安勿躁，隨即向李選侍請示，李選侍拉著皇長子衣服的後襟不讓他出去，王安乘其不備，衝過去抱起皇長子，快速衝出暖閣。諸臣叩頭高呼萬歲，然後劉一燝、英國公張惟賢扶皇長子上輿，到了門口，宮內傳來李選侍嚴屬的聲音：「哥兒卻還！」[註19]又派內侍阻止，反被楊漣斥責，於是在一行人擁護下，來到文華殿，群臣敦請皇長子即日登位被拒，經過協調，答應在初六日即位。由於怕李選侍要由校回去，為了保護好皇長子，因而按原定計畫，移居到慈慶宮。而慈慶宮本為皇太子所居，所以此舉含有正位東宮的意思。

皇長子移居慈慶宮後，與廷臣們商議，確定九月初六舉行登基大典。但李選侍仍繼續留在乾清宮，到了九月初五，李選侍仍無「移宮」之意，楊漣上疏，認為李選侍「外託保護之名，陰圖專擅之實。」因此今日非「移宮」不可。然後又去見方從哲，催促他積極一些，奈何方從哲認為延遲幾天亦無妨。劉一燝引用神宗時的故事反擊：「本朝故事，仁聖，嫡母也，移慈慶；慈聖，生母也，移慈寧。今何日，可姑緩耶？」[註20]楊漣也說：「前日以皇長

〔註19〕《明史》，卷240，〈劉一燝傳〉，頁6239。
〔註20〕同前註，頁6240。

子而就太子之宮可，明日爲天子矣，以選侍不移宮而退居太子之宮，世間那有天子避宮人之禮，且此乾清宮自祖宗相傳是天子之居，即聖母在，止當居坤寧宮，太后居慈慶宮，選侍何人，而抗旨占住乾清宮不移。」〔註21〕此時「中官來往如織」，有的是李選侍派出來的，說李選侍也是顧命者之一，楊漣斥責他們：

> 諸大臣是受先帝顧命者，先帝自欲先顧其子，豈有先顧其嬖媵之理？
> 便請選侍到九廟前去講，汝是食先帝飯的？是食李鄭二家飯的？須
> 抬我去殺了便罷，否則今日不移宮，死不出矣。〔註22〕

劉一燝、周嘉謨也指責那些人，語氣嚴厲，聲音響徹宮內深處。皇長子乃派人傳達命令，要李選侍「移宮」，李選侍得知情勢不可，因此只好匆忙遷往仁壽宮暫住。〔註23〕次日皇長子由校才得以即位，是爲明熹宗。

四、「垂簾聽政」的爭論

晚明御史張潑對於光宗在位前後所發生的一些重大案件，發出感慨：「傷哉！庚申之秋也，未三月而歷三朝，牝雞之晨，家得無索。」〔註24〕意謂泰昌元年的亂局，是因爲女主亂政所造成的。反映當時士大夫對女性干政的憂心。

李選侍在政壇時間雖短，但所造成的震撼，並不亞於鄭貴妃。尤其她究竟有沒有「垂簾聽政」的意圖，在東林與非東林之間爭論不休，後來的史家亦針對此事，有不同的評論。爭議之起，乃「移宮」之際李選侍下令廷臣牋奏一律先送到乾清宮，待閱覽之後，再轉往慈慶宮。御史左光斗，便深覺李選侍有涉政的野心，於是上疏攻擊。他強調乾清宮是皇帝與皇后共居之處，雖然其他嬪妃也可進御，但「遇有大故，即當移置別殿；非但避嫌，亦以別尊卑也，歷代相傳未之或改。」因此以李選侍的身分，更不能居於此宮，並細數李選侍的罪過，尤其她「既非殿下嫡母，又非殿下生母，儼然居正宮。」使名分倒置。另外，從傳聞得知李氏「侍先皇無脫簪雞鳴之德，侍殿下又無

〔註21〕楊漣，〈鄭貴妃移宮及召對併李選侍移宮兩朝始末記〉，前揭書，頁48b。
〔註22〕同前註，頁49a。
〔註23〕有關移宮案的記載甚多，可參見楊漣，〈敬述移宮始末〉、〈鄭貴妃移宮及召對併李選侍移宮兩朝始末記〉，前揭書，頁18a～22b；44b～49b。張潑，前揭書，頁6b～10a。《明史》，卷244，〈楊漣傳〉，頁6322。卷240，〈劉一燝傳〉，頁6240。
〔註24〕張潑，前揭書，頁11a。

撫摩育養之恩。」這樣的人豈可託付！況且皇長子已經十六歲了，睿智方開，在眾臣齊心輔助下，就更沒有理由「託於婦人女子之手。」而左光斗更憂慮李選侍「將借撫養之名行專制之實，武后之禍立見於今。臣誠有不忍忍言者矣。」〔註 25〕給事中暴謙貞也有這樣的憂慮：「聞李氏亦非忠誠愛國者也，宮闈之禁祕，雖不敢妄爲猜疑，萬一封典得行，則事權或假事權一假，則滋蔓難圖。」〔註 26〕

　　李選侍的作法，是一種變相的「垂簾聽政」。但她對被指有武則天涉政的野心，相當憤怒，數度派人召左光斗進宮，光斗嚴詞拒之曰：「我天子法官也，非天子召不赴。若輩何爲者？」李選侍亦莫可奈何。〔註 27〕但是日後，閹黨人士爲了攻擊東林黨，在評論「移宮」案時，不斷對「垂簾聽政」之說表示懷疑，認爲這是陰謀論，如給事中霍維華便說：

> 不妃不后，而況於垂簾！倘選侍而果有自后垂簾之威權也，王安焉敢不叩頭，又安敢箕踞而怒罵之哉？臣以爲宮不難移也，王安等故難之也。〔註 28〕

由此可知，閹黨欲將罪過歸於「主謀」王安、楊漣等人。但不可否認的是，明朝自張太皇太后婉拒「垂簾聽政」，便杜絕日後后妃預政之路。因此明朝從未出現太后「垂簾聽政」過，更何況李選侍既非太后，又非皇后。

　　崇禎年間，「三案」又重新翻案，錢謙益站在比較同情東林黨的立場評論「移宮」案說：

> 自古事關宮禁，憂國奉公之臣，劾而禍從，扶持邪說者，往往竊經術依附長厚，動以離間許揚爲詞，幸則撤簾，不幸則「移宮」。一成一敗，何常之有？萬曆之末，指翼儲爲沽名，天啓之初，目「移宮」爲生事，讒夫懦臣，異口同喙，此可爲太息者也。〔註 29〕

錢謙益對晚明知識分子道德淪喪，感到無奈，因此對東林黨人，憂國奉公，促使李選侍「移宮」，表示肯定；另一方面從歷史的教訓中又感到，只要臣子彈劾宮禁之事，必致禍從天降，東林黨人似乎無法逃離這個歷史的宿命。《國

〔註 25〕有關左光斗的上奏原文，見〈懇乞聖明慎守典禮疏〉，《左忠毅公文集》（明崇禎 16 年刊本，日本內閣文庫藏，國家圖書館影造本），卷 1，頁 37a～38a。
〔註 26〕《三朝要典》，卷 17，頁 938。
〔註 27〕《明史》，卷 244，〈左光斗傳〉，頁 6330。
〔註 28〕《三朝要典》，卷 23，頁 1345～1346。
〔註 29〕轉引自《國榷》，卷 84，頁 5178。

權》的作者談遷就有比較持平的看法：

> 選侍侍先帝于乾清宮，非偪處也。不幸鼎革，自徙而避之。第事須
> 奉命，何敢遽移，彼婦人見淺，未即以是爲請耳。諸臣之議甚嚴，
> 動引武后爲言，豈其倫哉，物論之所以踳駁也。〔註30〕

談遷認爲將李選侍比喻爲「武后」，有誇張之嫌，或許這是「諸臣之議甚嚴」之故。此外，夏允彝也說：「左光斗遽疏言乾清宮非至尊不可居，持論自正。但中言『武氏之禍立見於今』差異過當。」；「東林操論，不失愛君，而太苛太激，使人難受。」〔註31〕似乎這已成後世的公論。

　　李選侍堅持住在乾清宮只是權宜之計，主要目的是爲了得到一個封號。值得注意的是，雖然李選侍未當上皇后或貴妃，祖制也無「垂簾聽政」之例，加上群臣的壓力，使得她干政的機會不大，更遑論成爲「武則天」，但她要求過目廷臣的牋奏之事，實又太過，不免讓東林黨人覺得她有「垂簾聽政」的野心。

　　其實這場政爭，李選侍只是一個引子，最重要的是當時門戶之見已深。熹宗即位不久，眼見朋黨日熾，曾要求大臣：「毋得植黨背公自生枝節，以取罪愆。」〔註32〕可見朋黨互鬥的嚴重性，但因爲這是「國本」爭議以來長年累積的仇隙，非一朝一夕所能化解，亦非熹宗所能阻止。況且「移宮」案中，熹宗、李選侍彼此間的恩怨，更成爲各黨派打擊對手的話題，因此政爭沒完沒了。

第二節　「移宮」餘波與李選侍的關係

一、先皇遺孀的安置

　　李選侍「移宮」之後，在名分上仍是熹宗的庶母，在有心人士的推波助瀾下，又引起另一場爭論。

　　李選侍匆忙撤離乾清宮之際，許多內侍趁機盜寶，熹宗得知此事，下令逮捕宦官姜昇、鄭穩山、劉尙禮、劉遜、王永福、姚進忠、劉朝……等人，

〔註30〕同前註。
〔註31〕夏允彝，《幸存錄》（台北：文海出版社，明清史料彙編，2集4冊〔12〕1967年），卷下，頁1936、1937。
〔註32〕《三朝要典》，卷18，頁1015。

對於此事，楊漣主張安撫李選侍，他說：「選侍不『移宮』，非所以尊今上，既『移宮』，又當有以安選侍，須令諸大璫，好生照應，其有贓證，罪璫已討矣，無因此使中官取快私仇。」〔註33〕此言一出，反而引起其他失勢宦官的不滿，藉此造謠，說李選侍投繯自縊，皇八妹（明熹宗的同父異母妹）投井自殺。而御史賈繼春根據此事，上疏內閣方從哲等人，責怪閣臣在新君御極之初，便勸主上違忤先帝，逼逐庶母，並為光宗、李選侍抱屈：「玉體未寒，遂不能保一姬乎？」〔註34〕請求閣臣委曲調護，讓李選侍得終天年，皇幼女不虞意外。

此奏一上，朝臣議論紛紛，於是左光斗上疏談「移宮」的過程。〔註35〕熹宗覽奏之後，甚表贊同，下諭說明李選侍氣毆其生母，要挾當皇后之事。並對賈繼春的疑問，做出解釋：「今奉養李氏於噦鸞宮，月分年例供給錢糧，俱仰遵皇考遺愛，無不體悉，外廷誤聽李黨誼謠，實未知朕心，尊敬李氏之不敢忘也。」〔註36〕內閣首輔方從哲讀諭甚為驚愕，封還上諭，他雖然對熹宗的過去甚表同情，但認為這種激切的語氣，流傳於外，更易滋生非議。然方從哲的建議，反而引起東林黨人的責難，例如：南道御史王允成上疏糾舉：

陛下於「移宮」後發一聖諭，不過如常人表明心 之意，而宰相輒自封還，夫封還詔書，必其有關大利害，大是非，大典禮者也。此則何所關耶？司馬昭之心，路人知之矣。〔註37〕

王允成以「司馬昭之心」來形容方從哲，即懷疑方從哲可能另有所圖。

不過由於方從哲的阻止，使得熹宗的詔諭沒有發出，未能即時澄清外廷的傳言。後來，李選侍所住的噦鸞宮發生火災，雖已無從得知這是人為縱火或是意外疏失，但又掀起另一波輿論風潮。因這場大火的發生很容易讓人聯想到與熹宗「逼逐庶母」有關，同情李選侍的議論漸多。東林黨人認為必須加以澄清，其中給事中周朝瑞認為這是因為御史賈繼春「喜樹旌旗，妄生題目。」〔註38〕所引起的流言。但賈繼春辯稱：「保全選侍，蓋亦人倫天理，布帛菽粟之言，非詫眼旌旗，驚心題目也。」周朝瑞揭駁：「安選侍者，猶謂之

〔註33〕楊漣，〈鄭貴妃移宮及召對併李選侍移宮兩朝始末記〉，前揭書，頁 49b。
〔註34〕《三朝要典》，卷 17，頁 966。
〔註35〕參見《三朝要典》，卷 17，頁 968～371。
〔註36〕同前書，卷 18，頁 975。
〔註37〕同前註，頁 982。
〔註38〕同前註，頁 983。

是；安宗社者，顧謂之非乎？」賈繼春認為「移宮」是自然的程序，但沒有必要立刻驅逐李選侍，並以外間有關李選侍母女的傳聞，用駢句「伶仃之皇八妹，入井誰憐，嬬寡之未亡人，雉經莫訴。」加以渲染。〔註39〕一時朝野傳誦，更增加大家對李選侍的憐憫，連刑部尚書黃克纘也受到影響，上疏勸諫。楊漣覺得必須將內情詳述，以澄清流言。於是上〈敬述「移宮」始末疏〉，除了對「移宮」的過程、流言加以辨白說明外，並且建議熹宗對李選侍酌加恩數，並尊愛先帝之子女。〔註40〕

　　楊漣的陳述，熹宗甚表贊同，下旨褒揚，並特諭廷臣，表明其對李選侍的態度。〔註41〕熹宗對楊漣的肯定與迴響，使賈繼春更加忌恨楊漣，便詆毀楊漣勾結王安，為圖升官。楊漣深感委屈，憤而上奏辭官。熹宗雖褒其忠直，但礙於流言太多，只得先准楊漣回籍。另一方面，熹宗也不滿賈繼春的散播流言，於是罷其官，「輕革了職，為民當差，永不敘用」。〔註42〕由於楊漣、賈繼春的先後離去，有關「移宮」的爭論，才暫告平息。〔註43〕然而四年之後，由於魏忠賢亂政，賈繼春得以復官，為「移宮」案再掀另一次高潮。

二、奉養選侍的爭論

　　整體而言，「移宮」案之後的李選侍，雖然遠離政治圈，但因她而引發的爭議仍然不斷，除了關於「垂簾聽政」的爭議外，另一個焦點，就在於熹宗是否孝順。在熹宗的眼中，李選侍罪大惡極，除了他與李選侍的恩怨外，最主要的是熹宗的生母王太后〔註44〕遭受李選侍的虐待，他回憶當時李選侍常派人監視的情形說：

> 選侍因毆朕聖母，彼自知有罪，每使宮眷王壽花等，時來探聽，不許朕與聖母下原任各官說一句話，如有舊人來問朕安，說一句話，選侍就拏去重處，此朕苦衷日久難伸，外廷不能盡知。〔註45〕

〔註39〕同前註，頁983～985。
〔註40〕參見楊漣，〈敬述「移宮」始末疏〉，前揭書，18a～22b。
〔註41〕參見《三朝要典》，卷18，頁1005～1015。《明熹宗實錄》，卷4，頁8a～10a，泰昌元年十二月壬子條。
〔註42〕《三朝要典》，卷20，頁1100。
〔註43〕參見《明史》，卷244，〈楊漣傳〉，頁6323。
〔註44〕熹宗的生母孝和王太后，於萬曆二十七年八月進宮，見《明熹宗實錄》，卷3b，泰昌元年十一月甲午條。
〔註45〕《三朝要典》，卷18，頁1012～1013。

　　此外，他不滿廷臣的過度揣測，不爲聖母，只爲選侍，並說明他對李選侍問題的處理態度：「朕因有感於衷，父母之讎，不共戴天，朕不加選侍之封號，以慰聖母在天之靈；奉養選侍之優厚，敬遵皇考之遺意。」期待大小臣工不要「惟知私於李黨；責備朕躬，不顧大義熟於小節。」〔註46〕

　　其實包括東林黨人在內，在「移宮」案後，對李選侍的態度，亦略有轉變，楊漣便是其中之一。「移宮」之際，楊漣曾大罵李選侍：「夫死亦當從子，伊何人者，而敢爲欺藐，如此世界反了！」〔註47〕反映「三從四德」的觀念，在當時如何深植人心。婦女「在家從父，既嫁從夫，夫死從子」的法則，使女性必須屈於男性，尤其在政治領域，女性若想要涉入，必遭男性反撲。然而女性若能不涉政治，只要身爲母親，仍擁有被尊重的地位，因此「移宮」案之後，楊漣提出「安選侍」的言論，避免落人口實，正說明李選侍雖被迫「移宮」，並無損她是先皇的愛妾，熹宗的庶母。因此理論上，熹宗仍需盡心奉養。

　　撇開政治層面的考量，熹宗的行爲，稱不上「聖孝」。挑起「移宮」餘波的賈繼春，強調「堯舜之道，孝弟而已。」並舉明孝宗、光宗不罪庶母爲例：

> 昔孝宗皇帝之于昭德宮萬貴妃也，人言嘖嘖，而付之不問；我泰昌
> 先帝于鄭貴妃也，三十餘年，天下所共側目之際，而但以皇祖渙然
> 冰釋也。此是何等忠厚，何等盛美。〔註48〕

期許熹宗能夠仿效孝宗、光宗不計前仇，孝順庶母。由於賈繼春不僅強調孝道，又對李選侍的處境，描述得甚爲可憐，因此獲得許多迴響，所以儘管熹宗對選侍反感，但朝中仍有不少大臣爲她陳情。而且熹宗不斷指責李選侍「極毒極惡」，反而彰顯父皇的德澤缺失，因此不爲人所苟同。內閣首輔方從哲就認爲：

> 但以事關宮闈，不宜輕洩於外，且皇上既仰體先帝遺愛，奉養不缺，
> 尊有加，傳之外廷，誰不贊揚聖孝，似不宜又暴其過惡，以掩德意
> 而滋多議也。〔註49〕

刑部尚書黃克纘也深有同感，他說：「父母並尊，事有出於念母之誠，而跡於彰

〔註46〕同前註，頁1014。
〔註47〕楊漣，〈鄭貴妃移宮及召對併李選侍移宮兩朝始末記〉，前揭書，頁49a。
〔註48〕《三朝要典》，卷17，頁964。
〔註49〕同前書，卷18，頁978～979。

父之過者，必委曲周全，使渾然無迹，方爲大孝，此臣區區之愚心。」〔註50〕
而御史王業浩，對熹宗將李選侍痛毆聖母的經過描述甚詳，「則先帝止慈御家之
盛德，不無少損，且曉人何必如此？」不僅毀損光宗盛德，更有害聖母的形象，
因爲：「天祚聖母，起於困苦艱難，純和懿德，度越后妃，篤生聖躬，正位素定，
何至以房闈之細，橫來批煩之兒，任選侍即死有餘幸，任聖母則生豈妒寵。」
〔註51〕因此熹宗雖對氣毆聖母之事耿耿於懷，其「不加選侍之封，以慰聖母在
天之靈。」的心意，反使其母蒙受妒寵之名，更爲不妥。

其實這些非東林黨人的孝道觀，與其他的士大夫雷同，但因爲當時門戶之
見已深，朝臣反藉此相互攻擊，因此疏論孝道的動機已不單純。尤其天啓初年，
東林黨當權，原本對方從哲不滿的人，便想盡辦法打倒他。在「移宮」案方面，
攻擊者認爲方從哲有擁戴選侍之心，所以聽任李選侍久據乾清宮。〔註52〕而黃
克瓚又曾爲方從哲說過話，因此他倆就被指爲「合謀朋比」。〔註53〕至於掀起
風波的賈繼春，是位見風轉舵，反覆無常的人物。〔註54〕他上疏同情李選侍，
可能是爲了取得某種政治利益。

隨著太監魏忠賢的逐漸掌權，這些被東林黨攻擊的人物，也得以「翻身」。
〔註55〕值得注意的是李選侍究竟是否毆打孝和太后亦被提出討論。首次提到
此事的爲黃克瓚，他認爲此事「失實非信矣！」〔註56〕給事中薛文周，則懷

〔註50〕同前註，頁992。
〔註51〕同前註，頁1025～1026。
〔註52〕孫愼行曾罵沈一貫說：「你豈做李家官，喫李家飯。」，見《三朝要典》，卷20，頁1135～1136。
〔註53〕天啓初年，廷臣在議論「紅丸」案時，黃克瓚爲方從哲力辯。另一方面，黃克瓚在處理劉遜等內璫盜珠寶案，判刑寬縱，被指爲庇護內璫，因此求庇於方從哲，而被指爲「合謀朋比」。詳見《明史》，卷256，〈黃克瓚傳〉，頁6607～6608。《三朝要典》，卷20，頁1159～1160。
〔註54〕史稱賈繼春：「惟反覆，故為眞小人。」（見《明史》，卷306，〈賈繼春傳〉，頁7872。）天啓四年（1624）賈繼春被召回後，對移宮案、垂簾聽政之說，指爲全是王安、楊漣等人所爲，意在報復，參見《明熹宗實錄》，卷63，頁8a～10a，天啓五年九月甲寅條。
〔註55〕魏忠賢當政時，曾經請誅方從哲的士大夫皆在被貶或被殺，而告病在家的黃克瓚，一度還朝任工部尚書，並加太子太師；賈繼春並得以復官，展開報復，並建議速定爰書布中外，昭冊冊。參見《明史》，卷106，〈方從哲傳〉，頁5765。卷256，〈黃克瓚傳〉，頁6608。卷306，〈賈繼春傳〉，頁7871。
〔註56〕黃克瓚發表此論於天啓元年六月辛未。參見《三朝要典》，卷20，頁1150～1151。

疑他從何得知？並提到熹宗初次傳達聖諭的情景：「皇上以聖諭手授從哲，從哲囁嚅不肯傳，皇上面諭云：我與他有讎，舉朝皆傳誦之，克纘身在班行，獨不聞耶？」〔註57〕薛文周的目的，就是要證明孝和太后被毆之事，絕非虛假。此外，給事中沈惟炳亦附和薛文周再劾黃克纘，並以泰昌元年（1620）九月、十二月時，所抄的兩次聖諭，分別提到「選侍李氏恃寵，屢行氣毆聖母」、「選侍因毆崩聖母，彼自知有罪」，〔註58〕反駁黃克纘的不實指證。

未料熹宗在此時竟下詔：「選侍向有觸忤，朕一時傳諭，不無忿激，追念皇考，豈能恝然，爾們當仰體朕意，不必多言，致滋疑議。」〔註59〕所謂「一時傳諭，不無忿激。」不免有否定過去諭旨的意味，熹宗前後諭的牴牾，及對李選侍態度的轉變，使得外廷議論紛紛。而李選侍解除「毆崩聖母」罪名後，在天啓四年（1624）進而冊爲康妃〔註60〕，顯見已被平反。

孝和太后有否被毆，反而成爲「懸案」，日後魏忠賢亂政，便指這是王安所捏造；因爲熹宗先前的諭旨，或許爲王安所擬，然而對於李選侍的批評，多少也眞實反映出熹宗的心聲，據《酌中志》記載，孝和太后臨崩前，委託教光宗誦書習字的內侍劉良相執筆，記下：「與西李娘娘有讎。」但天啓年間，劉良相爲魏忠賢陷害而死。〔註61〕人證就此煙滅，因此我們似不能斷然認爲「毆崩聖母」之事爲子虛烏有。

另一方面，魏忠賢當政後，「梃擊」、「紅丸」、「移宮」等三案，在有心人士的運作下，重新翻案，閹黨中請求重審「三案」，其中刑科給事中霍維華的意見最引人注目，他的立場跟東林黨完全相反，並建議在編修實錄時，一定要將「事實」呈現。〔註62〕後來吏科給事中楊所修提出更具體的建議，仿造明世宗時的《明倫大典》，將有關「三案」的資料匯編成書，此即《三朝要典》。此書主要目的即在打擊東林黨人。值得注意的是，《三朝要典》在政治的考量外，包裝孝道的宣示。欲使「三朝慈孝，昭示中外。」〔註63〕表示此書「不特可以繼《春秋》之絕筆，而併可以繹《孝經》之微言。」〔註64〕

〔註57〕同前書，卷20，頁1162。
〔註58〕同前書，卷21，頁1179。
〔註59〕同前書，卷20，頁1182～1183。
〔註60〕《三朝要典》，卷23，頁1304。
〔註61〕《酌中志》，卷22，〈見聞瑣事雜記〉，頁536～537。
〔註62〕參見《三朝要典》，卷23，頁1336～1353。
〔註63〕《三朝要典‧序》，頁1446。
〔註64〕《三朝要典‧後序》，頁1491。

　　《孝經》一直是古代中國最重要的基本讀物之一。由於儒家孝道思想的影響，各代帝王，莫不推行孝道，〔註 65〕因爲事親之孝，有助於家庭和諧，穩定社會。而《孝經》便是倡導孝道的經典，帝王會樂於倡導此書的另一因素，就在於其內容將父子關係的孝道，轉換到君臣的關係上，使忠與孝混同在一起。〔註 66〕表面上好像增加了君臣之間的親密性，實際上更提高君主的地位與權威，助長專制。〔註 67〕在統治者看來，提倡孝道無非就是希望能達到事父與事君之道一以貫之的目的，而《孝經》的內容，無疑最能符合此一要求。〔註 68〕

　　因此《三朝要典》被比爲《孝經》，亦即被賦予政治使命，除了尊崇皇帝的孝慈外，亦要藉「孝」之名，打擊東林黨人。故「移宮」一事，被認爲是「損皇上追慕之孝思，神人共憤，天地含冤，皆楊漣、左光斗爲之。」〔註 69〕並藉熹宗口吻指責楊漣等人「威逼康妃，虧朕孝德」、〔註 70〕「陷朕躬於不孝」。〔註 71〕使東林黨人慘遭冤獄。而李選侍也隨著東林黨爭的起伏，閹黨的坐大，由眾矢之的，轉變成被平反的嬪妃，原本熹宗、李選侍之間的心結，也被形容「家庭骨肉之情，歡然如故。」〔註 72〕因此李選侍在天啓黨爭的後期，由於孝道的觀念反而成爲受益者。

小　結

　　李選侍在光宗駕崩之際，與朝臣對峙，掀起了「移宮」案，雖然只有短

〔註 65〕 孝的政治化之具體實踐，始於漢代，尤自漢武帝獨尊儒術後，儒家寖假而成儒教，儒家所宣揚的孝道，自然也成爲政教上努力推行的圭臬，如察舉賢良、孝廉等漢帝之標榜孝道，僅從名號上加一孝字，如孝文帝、孝武帝，便可見一斑。詳見曾昭旭，〈骨肉相親・志業相承—孝道觀念的發展〉，《中國文化新論　思想篇二・天道與人道》（台北：聯經出版事業公司，1983 年），頁 235。
〔註 66〕 徐復觀，〈中國孝道思想的形成演變及其歷史中的諸問題〉，《中國思想史論集》（台北：臺灣學生書局，1974 年），頁 176。
〔註 67〕 劉紀曜，〈公與私——忠的倫理與內涵〉，《中國文化新論　思想篇二・天道與人道》（台北：聯經出版事業公司，1983 年），頁 189。
〔註 68〕 康樂，〈孝道與北魏政治〉，《從西郊到南郊——國家祭典與北魏政治》（台北：稻鄉出版社，1995 年），頁 245。
〔註 69〕 《三朝要典》，卷 24，頁 1393。
〔註 70〕 同前註，頁 1391。
〔註 71〕 同前註，頁 1367。
〔註 72〕 同前書，卷 23，頁 1352。

短五天（泰昌元年（1620）九月一日至五日），但其衍生的「垂簾聽政」之說與「安選侍」之論，卻成為日後東林黨與閹黨之爭的重要話題。

熹宗即位之初，由於東林黨人護駕有功，加上熹宗對李選侍有所不滿，因此對李氏大肆抨擊。但東林黨人批評的論調，有時過於激切，反而落人口實。如在「垂簾聽政」的議題上，左光斗等人認為選侍有此意圖，必將引起「武氏之禍」。但李選侍不具太后身分，就沒有垂簾的可能，更何況明朝並無此例，因此引人質疑。熹宗甚感困惑的說：「朕思祖宗家法甚嚴，從來有此規制否？」〔註73〕而給事中王志道也認為「垂簾二字又非玉几之命也，非出宮掖之口也，不過臣子設為不必然之慮。」正因垂簾之說的說服性不足，使得日後閹黨反撲時，可以毫無忌憚的指責東林捏造此說。〔註74〕

同樣的狀況，也發生在「安選侍」的議題上。此事與傳統中國的孝道思想有很大的關係。《孝經・天子章第二》曰：「愛親者不敢惡於人，敬親者不敢慢於人，愛敬盡於事親，而德教加於百姓，刑于四海，蓋天子之孝也。」〔註75〕換言之，天子的行孝，須極盡事親，儘可能做到極虔誠、極完美，方可為天下之典型。因此歷代帝王皆有心行孝，以為表率。就明朝諸帝而言，也都努力實踐孝道，明世宗甚至還因為孝道問題，與朝臣爭執不下，造成「大禮」議風波。〔註76〕

熹宗即位後，同樣也自我期許為仁孝之君，由於熹宗的生母孝和太后與李選侍有嫌隙，但選侍是光宗的愛妾，不可不敬，因此熹宗「不加選侍之封號，以慰聖母在天之靈；奉養選侍之優厚，敬遵皇考之遺意。」〔註77〕從熹宗的立場看，善待李選侍是對光宗盡孝，但熹宗的這片孝心，卻引來東林與閹黨之間的爭論。

由於東林黨人對李選侍心存偏見，對其評價，不會只用「孝道」角度論述，如太僕寺卿高攀龍認為對李選侍不能只「言《孝經》之尊親，不言《春秋》之亂賊。」〔註78〕意即將李選侍比喻為「亂賊」，故熹宗未冊封選侍的做

〔註73〕同前書，卷18，頁975。

〔註74〕「史臣曰：垂簾之說，原出奸臣之捏造。」，見《三朝要典》，卷21，頁1241。

〔註75〕《孝經》，卷1，〈天子章第二〉，頁4b～5a。

〔註76〕明世宗為了追尊本生父母之故，與閣臣發生衝突，明人特稱此事件為「大禮」議。詳見朱鴻，〈「大禮」議與明嘉靖初期的政治〉，國立臺灣師範大學歷史研究所碩士論文，1978年。

〔註77〕《三朝要典》，卷18，頁1014。

〔註78〕同前書，卷22，頁1239。

法極為適當。

但這樣的評語不免失之偏頗，反觀閹黨的賈繼春說：「父有愛妾，其子終身敬而不忘。」〔註79〕就引起熱烈迴響，儘管他受到罷黜，但疏救請求召還的臣工亦不在少數。〔註80〕而隨著天啟政局的演變，「安選侍」的爭議，對東林黨人愈來愈不利，尤其熹宗也否認發生過打毆聖母一事，使得東林黨人在孝道的論述上，失去依恃。

表3：與李選侍有關的爭議

問題＼黨派	反對李選侍者	支持李選侍者	評論
移宮案	1. 指責李選侍地位不高，竟霸占乾清宮不移。 2. 懷疑首輔方從哲擁選侍之心。	1. 「移宮」是自然的程序，沒必要立刻驅逐李選侍。 2. 此皆王安、楊漣的陰謀。	1. 選侍為獲名分或權力，最後奮力一搏。 2. 反映黨爭激烈，藉口鬥敵。
垂簾聽政	「將借撫養之名行專制之實，武后之禍立見於今。臣誠有不忍言者矣。」	「不妃不后，而況於垂簾！」	將李選侍比喻為「武后」，有誇張之嫌，或許這是「諸臣之議甚嚴」之故。
痛毆聖母	熹宗回憶「選侍李氏恃寵，屢行氣毆聖母」。	熹宗因追念皇考，要臣子「不必多言，致滋疑議。」	熹宗態度前後不一，與受魏忠賢的影響有關。
安選侍	對李選侍心存偏見，但她是先皇愛妾，熹宗仍需盡心奉養。	期許熹宗能夠仿效孝宗、光宗不計前仇，孝順庶母。	因傳統的孝道觀念，黨派之間，難得有部分共識，李選侍終能安享餘年。

閹黨日漸得勢後，即編纂《三朝要典》，從道德批判的角度，指責東林「諸人所以借題生事者，不過以張東林之幟耳，豈顧父子之親，君臣之義。」〔註81〕並批評東林的不忠，使國君陷於不孝。對「移宮」案即評曰：「棄先

〔註79〕同前書，卷17，頁963。
〔註80〕如御史張修德，他在請召還賈繼春疏中曰：「昔者曾參孝，而天下願以為子；子胥忠而天下願以為臣，繼春之忠，豈讓子胥！而其欲成陛下之孝，豈欲出曾參下哉！」凸顯繼春之忠是為成全熹宗之孝，見《三朝要典》，卷21，頁1229～1230。
〔註81〕同前書，卷22，頁1242。

帝之遺命，虧皇上之孝思。正所謂亂臣賊子，人人得而誅之者。」〔註82〕閹黨可說以孝之名誅東林，結果不免使孝道蒙塵。

　　《三朝要典》除了以剷除東林爲目的外，亦要彰顯熹宗的孝心，故被形容爲「皇上之孝經」，〔註83〕書中對熹宗過去言行不一之處，亦重新解釋，以頌揚「聖孝」，但這種政治上純外在行爲的宣揚推廣，亦足使孝道僵化變質，漸次遺落其內在的德行自覺，而徒爲一形式軀殼，喪失了孝的本義。〔註84〕後世並未就此稱許熹宗的孝心，因爲《三朝要典》是天啓黨爭之下的政治宣傳品，含有太多的意圖，熹宗前後不一的言行，只證明他的孝思是閹黨所塑造，而非出自誠意。而隨著閹黨的得勢、孝道的僵化，李選侍竟能從黨爭中，全身而退，安享餘年。

〔註82〕同前書，卷21，頁1197～1198。

〔註83〕《三朝要典》也被形容爲「皇上的春秋」，見《三朝要典・後序》，頁1497。唯本文著墨於孝道觀念對李選侍的影響，而未偏重閹黨如何以「春秋」之筆陷害東林黨人。

〔註84〕曾昭旭，前揭文，頁235～236。

第五章　客氏與天啓黨禍

　　李選侍「移宮」之後不久，外廷黨爭與宮闈「女禍」糾葛再起。只是這次「女禍」的主角，並非嬪妃，而是皇帝的乳母，即客氏，她深受熹宗的尊崇眷戀，加上其與宦官魏忠賢聯合，用事宮廷，爲亂朝政。「婦寺竊柄」〔註1〕的現象，使東林黨人極爲憂心，因此紛紛上疏彈劾，卻也造成更嚴重的黨爭。本章主要從客氏與熹宗「情同母子」的關係以及客、魏擅政的情形，探討東林黨人對客氏的批判，及未能成功的原因。

第一節　客氏與明熹宗

一、情同母子

　　熹宗的乳母客氏，直隸定興縣人，爲侯二之妻，生一子名國興。她之所以入宮，主要是遇到官方「禮儀房」徵選乳母的時機。〔註2〕客氏約在二十五

〔註1〕《明史》（台北：鼎文書局，1976 年），卷 22，〈熹宗本紀〉，頁 307。

〔註2〕《宛署雜記》載：「禮儀房，乃選養奶口以候內庭宣召之所。一曰『奶子府』，隸錦衣衛，有提督司禮監太監，有掌房，有貼房，俱錦衣衛指揮。制：每季精選奶口四十名養於內，曰『坐季奶口』，別選八十名籍於官，曰『點卯奶口』，候守季者子母或有他故，即以補之而取盈焉。季終則更之。先期，兩縣（順天府的大興、宛平二縣）及各衙門博求軍民家有夫女口，年十五以上，二十以下，夫男俱全，形容端正，第三胎生男女僅三月者雜選之。」有關「禮儀房」挑選奶婆的制度，詳見沈榜，《宛署雜記》（台北：新興書局，筆記小說大觀 35 篇 4 冊，1983 年），卷 10，居字，頁 81～83，〈奶口〉；頁 83，〈三婆〉。或劉若愚，《酌中志》（台北：偉文圖書公司，1976），卷 16，〈內府衙門職掌〉，頁 292。二書以前者較詳細，出入較大的地方是坐季的奶口人數，《宛署雜記》

歲時左右，〔註3〕進宮擔任乳母，〔註4〕一路上陪伴熹宗成長，其角色也由乳母轉換爲保姆。〔註5〕在長期的相處與關懷下，客氏與熹宗二人培養出如母子般的親情，因此熹宗即位之後，立即封客氏爲「奉聖夫人」，讓客氏在宮中享受如太后般的待遇。而客氏對熹宗的照顧，亦不曾間斷。每日天將明，即到熹宗的殿內等候他醒來，一直到深夜才離去。〔註6〕至於熹宗每日的膳食，都是客氏下令內官造辦，稱爲「老太太家膳」，熹宗覺得頗爲甜美。〔註7〕客氏的關愛，使得熹宗對她的回報更爲豐厚。

泰昌元年（1620）冬，客氏遷居乾清宮的西二所。按明朝的祖宗舊制，在乾清宮東、西兩邊各設房屋五所，必須是名封大婢，始可居住，熹宗讓客

載四十位，未分生男或生女者；《酌中志》僅載二十位，且生男者十口，生女者十口。

〔註3〕 客氏辛於天啓七年（1627），年四十八歲；而熹宗生於萬曆三十三年（1605），由此推算客氏擔任乳媼的時間，應該是二十五、六歲左右，與「年十五以上，二十以下」的條件，尚有差距。此外，還有一些細節問題，也不符要求的標準，由此可知宮廷挑選奶婆的過程中，可能有些彈性或疏失之處。衣若蘭曾對《明史紀事本末》，卷71，〈魏忠賢亂政〉所載，客氏「年十八進宮」之事，詳加考證，認爲《本末》的記載有誤。見氏著，〈明熹宗乳母奉聖夫人客氏〉，《史耘》，第3、4期，1998年9月。

〔註4〕 理論上，客氏應該在熹宗誕生之後不久，就擔任其乳媼，但其子侯國興，天啓七年（1627）時才十八歲（《玉鏡新譚》，卷10，〈爰書〉，頁149。）則侯國興誕生於萬曆三十八年（1610）左右，那一年底，明思宗亦正好出生。客氏不可能在宮中產子，則她可能哺乳熹宗一段時間後離宮，或許皇室覺得她很會保育幼兒，於是又召回宮中。此外，客氏到宮中乳育熹宗不到二年，其夫侯二就過世了。因此侯興國不一定是侯二之子，因爲侯興國的籍貫是宛平縣，侯二的籍貫是定興縣。以上種種疑問，乃據《玉鏡新譚》的內容所做的推論，在只有孤證的情形下，筆者尚不敢斷言客氏入宮時間爲如何。

〔註5〕 按明朝對保姆的挑選方式，比較沒有成文的規定。有些保姆選自宮女。例如：世宗即位時曾「封乳母劉氏奉聖夫人，宮人孫氏保聖夫人，高氏恭奉夫人，邢氏莊奉夫人，顧氏肅奉夫人。」（《明世宗實錄》，卷17，頁1a，嘉靖元年八月乙亥條）其中宮人孫氏可能就是因擔任保姆而受封「保聖夫人」。但有些保姆選自民間，比較明確的記載，亦在嘉靖朝。由於世宗的長子朱載基出生不久即夭折，世宗哀慟至極，謚爲「哀沖太子」。因此皇二子載壑出生後，特別重視皇子的照料問題，且認爲「宮人不諳保護皇子，命禮部選民間婦無夫子系累者二千餘人入宮。」（《明世宗實錄》，卷194，頁3b，嘉靖十五年十二月庚寅條。）爲的就是要確保這個皇子能夠健康成長。從此，乳母與保姆皆來自民間遂成定制。此外，更有許多乳母因很會照顧幼兒，深受皇室的信賴與幼兒的喜愛，故又擔任保姆或其他「諸母」的工作，客氏即屬此類。

〔註6〕 《酌中志》，卷14，〈客魏始末紀略〉，頁224。

〔註7〕 同前註，頁211。

氏遷居此處，顯示出他對客氏的敬重。遷居當日，熹宗更親臨致賀，陞座飲宴，並命人唱戲助興，司禮監的部分太監，隨侍在側。此外，熹宗在客氏的所內側室，設「吃膳處」，裏面的擺設與膳食，猶如「孔聖之四配」。到了天啓元年（1621），安排客氏改住咸安宮，這是穆宗時陳皇后所居，〔註8〕更凸顯客氏的地位與眾不同。客氏居於此，不必畏懼寒暑，夏天搭大涼棚，貯存冰塊無數以備消暑，冬天則大量貯存燒炕的柴炭，以備取暖。而且客氏在宮中所乘坐的小轎，由調撥來的內官、近侍負責抬轎，儼然如嬪妃之禮，雖然「缺一青紗傘蓋，而茵褥之精美，爲尤勝也。」此外，客氏生日時，熹宗「亦必臨幸陞座歡宴，賞賜無限。」〔註9〕

自天啓元年（1621）到天啓七年（1627），客氏偶爾也會出宮暫歸私第，只要先奏知熹宗，「某月某日奉聖夫人往私第」，到了當天五更天未明，客氏自咸安宮盛服靚粧，乘小轎，由嘉德、咸和、順德右門，經月華門至乾清宮門西一室，也不下轎，直坐到西下馬門，這時弓箭房、御司房、御茶房等近侍，在轎前後擺道，圍隨者數百人。司禮監值班監官及文書房官等，皆在寶寧門內，跪叩於道旁迎送，凡得到客氏的目視或頷首示意者，都會覺得很光榮。而內府供用庫，供給大白蠟燈、黃蠟炬、燃亮子等照明設備，不下二、三千根，轎前提爐數對，點燃的檀香有如雲霧。客氏離開西下馬門，換乘八人大圍轎，由外役轎夫抬走，其聲勢之壯大，遠在皇帝遊幸之上。燈火簇烈，猶如白晝般明亮。而客氏的衣服華美，出宮的陣容，「人如流水，馬若遊龍」，這樣的盛況，爲京城少有的事。而每年不論冬、夏，出宮不止三、四次。〔註10〕客氏能有這樣的風光，皆因她是熹宗的乳母之故。

在客氏最顯貴的時候，除了老一輩熟識的太監外，其他宦官，每日見面，必定叩頭如子姪般。而客氏身爲熹宗的「八母」之一。〔註11〕僭妄殊寵到極點。因此當時就有許多流言，劉若愚說：「尚有非臣子之所忍言者。」〔註12〕可見已有人懷疑客氏不止是熹宗的乳嫗而已，甚至猜測客氏藉著美色誘惑小

〔註8〕蔣之翹，《天啓宮詞》，收入《叢書集成新編》〔71〕（台北：新文豐出版社，1985年），頁600。

〔註9〕參見《酌中志》，卷14，〈客魏始末紀略〉，頁210～211。

〔註10〕同前註，頁226～228。

〔註11〕同前註，頁226。而所謂「八母」即養母、嫡母、繼母、慈母、嫁母、出母、庶母、乳母，見黃彰健，《明代律例彙編》（台北：中央研究院歷史語言研究所，1978年），卷首，三父八母服圖，頁32。

〔註12〕《酌中志》，卷14，〈客魏始末紀略〉，頁226。

皇帝，例如：《魏忠賢小說斥奸書》載：「侯巴巴（客氏）見了聖上，叩了頭，便做出許多妖嬈顧戀之態，聳動聖心。」〔註 13〕但我們仍不能否定客氏與熹宗之間仍存在著「情同母子」的關係。像熹宗在過世之前，就曾下諭褒揚客氏：

> 朕昔在襁褓，氣稟清虛，賴奉聖夫人客氏事事勞苦，保衛恭勤，不幸皇妣蚤歲賓天，復面承顧託之重。凡朕起居煩燥，溫飢煖寒，皆奉聖夫人兢兢而節宣固慎，艱險備嘗，歷十六載。及皇考登極匝月，遽棄群臣，朕以沖齡，並失怙恃。自纘承祖宗鴻緒，孑處于宮壼之中，伏賴奉聖夫人倚毗調劑，苦更倍前。況又屢捐己俸，佐橋工、陵工，助軍鼎建。溯想青宮夙績，曾成鞠育渺躬，加以累次急公，而懿德益茂。亙古今擁祐之勳，有誰足與比者。〔註 14〕

這分諭旨下達時，熹宗已生重病，因此有可能是旁人矯旨，〔註 15〕但仍然反映了熹宗對客氏養育之恩的感激；亦可能是熹宗得知不久人世，想在臨終前，表達對客氏的孺慕之情。

熹宗死後，客氏被迫離宮，臨行前到仁智殿熹宗的梓宮前祭拜，將熹宗小時候的胎髮、痘痂，以及過去所留下來的剃髮、落指、指甲，痛哭焚化而去。〔註 16〕從她把熹宗生前的東西，如此細心的保留，可見她對熹宗的關愛之深。這樣的「母子之情」，應是毋庸置疑。另一方面，她的痛哭，也與其所享的榮華富貴終將結束有關，畢竟她不是崇禎皇帝的乳母，毫無親密性可言，更遑論仍能影響新皇帝。「喪子」兼又「失勢」之痛，可想而知。

二、客氏出入宮中的風波

熹宗即位後，除了封客氏為奉聖夫人，並廕任客氏子侯國興為錦衣衛正千戶。〔註 17〕又陞客氏弟將軍客光先為錦衣衛千戶。〔註 18〕此後仍繼續對客

〔註 13〕 吳越草莽臣，《魏忠賢小說斥奸書》（上海：上海古籍出版社，據崇禎元年（1628）刻本印，出版年不詳），第 3 回，〈憶從龍新皇念舊·通阿乳進忠作奸〉，頁 56 ～57。
〔註 14〕 《玉鏡新譚》，卷 4，〈賞賚〉，頁 59～60。
〔註 15〕 明熹宗於天啓七年八月二十二日乙卯去世，見《明熹宗實錄》，卷 87，頁 30a。而下聖諭的日子為八月九日壬寅，見《明熹宗實錄》，卷 87，頁 11a。
〔註 16〕 《酌中志》，卷 14，〈客魏始末紀略〉，頁 225。
〔註 17〕 《明熹宗實錄》，卷 1，頁 29b，泰昌元年九月甲午條。
〔註 18〕 《明熹宗實錄》，卷 2，頁 3a，泰昌元年十月庚戌條。

氏的家人加恩廕封。但禮部認爲這不但不符禮制，也無前例可尋。熹宗便斥責禮部道：「加恩既云無例，爾部所存是何典故？所載累朝常例，備寫來看，併此亦無。只是典章不存，不是無例，仍行各衙門備查，或如照別項恩例推廣。」〔註 19〕反正就是非加恩不可，因此禮部不得不妥協，以大婚禮成，推恩客氏的父親客太平爲錦衣衛正千戶。〔註 20〕

是後，熹宗爲了再加恩於客氏的兒子侯興國，又要求禮部查過去的案例，禮部事左侍郎周道登言：

> 臣部典故及各衙門職掌諸書并無成例可考，竊照穆皇乳婦柴氏夫余實授指揮同知；神祖乳婦金氏婦夫王鑑授指揮僉事。今客氏已無夫或優以金帛或賜之第宅，庶幾聖恩駢錫祖制無妨。臣願皇上用情必期合禮，不敢徇情。

但仍再三強調「用情必期合禮」，反映熹宗的濫加封賞，並不合禮制。最後客氏的兒子侯興國仍被加陞錦衣衛指揮僉事，「伊夫照子贈官，給與誥命。」〔註 21〕

隔些日子，又「命給奉聖夫人客氏墳地」，〔註 22〕終引來抗議，御史王心一上奏，〔註 23〕表示客氏只因保護有勞績，聖上就令戶部擇給地二十頃以爲護墳香火之用，這是不符禮制的；何不以這些賞賜，慰勞在遼東的將士？但卻惹來熹宗的不快，熹宗認爲「內廷恩澤與閫外大計，有何干涉？」不能併爲一談，指責王心一不諳大體。〔註 24〕

有些大臣認爲熹宗對客氏的封賞「其徼恩隆重國家，二百年未有之創典。」〔註 25〕用詞或許過於激切，因爲明朝諸帝對於乳母的封賞，都是相當優渥的，〔註 26〕「生則時賚之，沒則厚葬之，榮以殊號，守以墳戶，報德報功，極隆

〔註 19〕沈國元，《兩朝從信錄》（台北：台灣華文書局，1969 年），卷 7，頁 861。

〔註 20〕《明熹宗實錄》，卷 11，頁 4a，天啓元年六月乙亥條。

〔註 21〕《明熹宗實錄》，卷 12，頁 4b，天啓元年七月乙巳條。《國榷》，卷 84，天啓元年七月戊申，頁 5192。

〔註 22〕《明熹宗實錄》，卷 13，頁 20a，天啓元年八月乙酉條。

〔註 23〕有關王心一上奏論給客氏墳地，《明熹宗實錄》與《兩朝從信錄》記載的日子稍有出入，《明熹宗實錄》記載爲天啓元年正月壬寅，《兩朝從信錄》爲天啓元年九月一日壬午。不過，《明熹宗實錄》，卷 13，天啓元年八月乙酉條，才記「命給奉聖夫人客氏墳地」，因此王心一上奏的日子，應以九月一日較爲可信。

〔註 24〕《兩朝從信錄》，卷 8，頁 983～988。

〔註 25〕《明熹宗實錄》，卷 11，頁 18a，天啓元年六月甲午條。

〔註 26〕封乳母爲夫人乃是累朝舊制，如成祖追封保姆馮氏爲保聖賢順夫人，即爲明代封保姆之始，此後並封及其父與夫。可參見沈德符，《萬曆野獲編》（台北：

且備。」〔註27〕有的皇帝因加恩過濫，也曾遭受大臣指責，〔註28〕但這些受封的乳母及其家人，並未恃寵而驕，更不可能對政局造成影響。但為何士大夫對客氏的攻擊這麼激烈？問題就在於客氏仍留於宮中。尤其熹宗大婚後，客氏遲遲未走，引起朝臣議論，紛紛上疏請客氏離宮。山西道御史畢佐周認為「今中宮立矣，且三宮並立矣，於以奠坤闈而調型躬，自有賢淑在，客氏欲不乞告，將置身何地乎？」並引神宗與孝端皇后成婚後保姆就不在身旁之例，建議趕快讓客氏離宮；否則，必生「冒擅權攬勢之疑，開睥睨窺伺之隙」，這對客氏本人並沒有什麼好處。〔註29〕

御史劉蘭等人上疏進一步指出「恩禮所重，權勢所歸，則嫌疑不可不避也。」因此建議熹宗賞賜客氏，使之生有所養，老有所歸後，就應儘早出宮就外第，使其「早離權勢之嫌，常守富貴之榮，永無是非。」〔註30〕輔臣劉一燝亦以為客氏若出宮，不僅遵守祖宗家法，並可全其名譽。〔註31〕

群臣雖說得很有道理，但熹宗對客氏的眷戀依賴，非一時所能斬斷；熹宗面對如此的議論，不得不有所表態：「朕覽奉聖夫人客氏面奏，屢懇出去，朕以三宮年幼，暫留調護，待皇祖妣梓宮發引，神主回京安畢，擇日出去。卿等傳示各衙門不得紛紜瀆擾。」〔註32〕客氏的屢懇出宮，不一定是出於真心，但熹宗挽留客氏之意，依舊未改，他所舉的理由，主要暫時延緩群臣的議論而已。

等到光宗下葬，善後事宜料理完畢，由於朝臣一再催促，熹宗只好將客氏送出宮。但隔兩天又將她召回，熹宗向群臣解釋：

> 朕前有諭，著擇九月二十三日午時吉，奉聖夫人客氏出去，朕思客氏朝夕勤侍朕宮，未離左右，自出宮去訖，午膳至晚，通未進用；暮夜至曉，憶泣痛心不止，安歇勿寧，朕頭眩恍忽。已後還著時常進內奉侍，寬慰朕懷，外廷不得煩激。〔註33〕

偉文圖書公司，1976年），卷21，〈佞倖‧乳母異恩〉，頁542。
〔註27〕沈榜，《宛署雜記》，卷10，居字，頁84，〈三婆〉。
〔註28〕例如：明世宗曾加恩諸母，禮科給事中底蘊等言其加恩太濫。見《明世宗實錄》，卷17，頁1a，嘉靖元年八月乙亥條。
〔註29〕《明熹宗實錄》，卷11，頁18a，天啓元年六月甲午條。
〔註30〕《兩朝從信錄》，卷7，頁890。
〔註31〕《明熹宗實錄》，卷11，頁18a～18b，天啓元年六月乙未條。
〔註32〕《明熹宗實錄》，卷11，頁18b，天啓元年六月乙未條。
〔註33〕《兩朝從信錄》，卷9，頁1022～1023。

　　這篇諭旨，透露熹宗對客氏的依戀不捨，尤其他從小就跟客氏生活在一起，那能忍受這樣的別離之苦，因此只好把客氏請回宮來，並要求「外廷不得煩激」，表明不再爲客氏之事，與群臣有所妥協。

　　御史周宗建首先抗疏極諫，覺得客氏的乍出乍入，反使得「天子成言，有同兒戲。」並引用古代保姆亂國的故事，勸諫熹宗：

> 昔漢楊震于靈帝初年，爭執王聖之弄權。左雄於安帝初年，極諫宋娥之專寵。齊世祖天康初年，以陸令萱之蠱惑，卒至大亂其國。凡此三君，召尤致咎，皆由保婦，主既無終彼亦自禍，迴思恩寵，翻作禍胎，往轍若斯，千古共痛，乞深鑒積漸之難開，重念禁防之宜慎，一依成命，仍賜出外，則所謹于客氏一人者似小；而所昭示於天下臣民者甚大。〔註34〕

熹宗得疏後，便回諭：「奉聖夫人新有傳諭，如何便來激聒宮闈保護，與外庭政事何與？」〔註35〕不予理會。

　　吏科給事中侯震暘尤感痛心者，是皇帝不煩惱遼東戰事，卻憶泣保姆，有累聖德。並舉在光宗出殯當日，有一老嫗跪於路旁，伏塵號慟，後乃知此嫗即光宗之保姆，雖然她恩寵未逮，卻引人憐憫；反觀客氏，皇帝愈厚待則愈招忌，期許熹宗深思改進。〔註36〕

　　接著吏科給事中倪思輝、朱欽相陸續參劾客氏，倪思輝希望熹宗的孺慕之念，用在懷念父親光宗，而不是客氏，否則容易「啓外庭猜疑之端，開近習干預之漸。」而朱欽相的憂慮更爲深遠，他認爲客氏自在的進出宮中，不僅濁亂宮闈，讓她有干預朝政的機會，並傾害忠良，希望熹宗不要只「憂東奴而忘目前之女戎，所謂明不能見目睫也。」〔註37〕所謂「東奴」即指努爾哈赤所建立的金國。雖然天啓年間，遼東戰局相當緊張，但朱欽相更怕的是宮禁之中的「女禍」。

　　熹宗駁斥「倪思輝、朱欽相論奉聖夫人客氏，有何干預？指比宋虜。」

〔註34〕《明熹宗實錄》，卷15，頁1a～1b，天啓元年十月戊辰條。
〔註35〕同前註。
〔註36〕有關侯震暘的彈劾客氏的疏文，可見《兩朝從信錄》，卷9，1028～1037。或陳子龍，《皇明經世文編》（台北：國聯圖書出版有限公司，1964年），卷499，《侯吏垣疏》，〈劾客氏疏〉，頁1a～3a。
〔註37〕有關倪思輝、朱欽相的奏文約略內容，參見《明熹宗實錄》，卷15，頁2a，天啓元年十月庚午條。

認為「逞臆沽名，欺朕幼沖，本當重處，姑從輕，俱降三級，調外任用。」〔註38〕這種指責，與神宗怒斥「國本」爭議的大臣沽名釣譽，如出一轍。

御史王心一則引袁盎得罪漢文帝寵妾慎夫人的故事，〔註39〕希望熹宗也能學習漢文帝寬容之心，原諒倪思輝、朱欽相，況且他們論客氏，尚不如袁盎冒犯慎大人之舉。並且對於熹宗所言：「內廷之事與外延有何干預？」深表不以為然，因為「皇上之事，如其家事，件件照管，事事呼應，何憂天下之不治。」並引唐高宗立武后之事，李勣因不過問皇帝家事，導致「武氏之禍」的例子，期望熹宗瞭解。對王心一的疏救勸諫，熹宗深感不悅，認為其「引用前代故事，悖謬不倫，好生狂妄！」乃降三級，調外任用。〔註40〕後來吏科給事中薛鳳翔、河南道御史王遠宜、吏部尚書周嘉謨亦疏救，但熹宗仍不加理會。〔註41〕

湖廣道御史馬鳴起上言，提出客氏六項不可留的理由，包括：一、一介保姆，長居禁地，不符祖宗家法；二、保姆可以隨意出入宮中，壞了宮禁之防；三、怙寵邀恩的疑慮漸增；四、與權璫線索易通，宮闈動靜反被窺測；五、以一寵婦之故，驅逐言官，連累聖聰；六、皇上視輔臣不及一保姆，使朝廷蒙羞。熹宗得知內容，原本要加重譴，因輔臣劉一燝申救，乃罰俸一年。〔註42〕

從上述章疏議論，可以發現晚明士大夫對客氏的抨擊，就如同漢朝士人對保姆的批評，主要集中在其逾越了階級與性別的界限。〔註43〕在階級方面，深覺言官、輔臣竟不如保姆，只要言官論客氏，言官必遭貶抑。即使顧命大臣，如：劉一燝、周嘉謨也因此蒙受委屈，紛紛求去。〔註44〕連首輔葉向高都說：「顧命之大臣乃不得比於保姆。」〔註45〕就性別方面來說，士大夫的態

〔註38〕 同前註。
〔註39〕 漢文帝常與皇后，以及寵妾慎夫人同坐，為袁盎糾舉，希望文帝能重視「尊卑有序」，獲得文帝、慎夫人的體諒，並獎賞五十金。詳見司馬遷，《史記》（台北：鼎文書局，1977年），卷101，〈袁盎傳〉，頁2740。
〔註40〕 《兩朝從信錄》，卷9，頁1043。
〔註41〕 《明熹宗實錄》，卷15，頁6b，天啓元年十月丁丑條。
〔註42〕 馬鳴起的奏文，以及熹宗的反應，見《兩朝從信錄》，卷9，頁1021～1028。
〔註43〕 參見李貞德，〈漢魏六朝的乳母〉（台北：「醫療與中國社會」學術研討會，未刊稿，1997年6月26~28日），頁24。
〔註44〕 有關劉一燝、周嘉謨求去之事，見《明史》，卷240，〈劉一燝傳〉，頁6241～6242；卷241，〈周嘉謨傳〉，頁6259。
〔註45〕 葉向高，《續綸扉奏草》（台北：偉文圖書公司，1977年），卷3，〈告病併陳

度仍深受傳統的「女禍」思想的影響，侯震暘就氣憤指客氏爲「么麼里婦，狎近至尊哉！」〔註46〕周宗建則以爲此輩婦人，「一叨恩格，便思踰分，釁孽漸起，寵競日繁。」〔註47〕而朱欽相、倪思輝更明白指出客氏即「女戎」，將有干預政事之嫌。

其實天啓朝之前，明朝皇帝的乳母，在階級與性別的藩籬下，不可能有機會干預政事。但客氏卻被士大夫認爲有干政之嫌，關鍵在於客氏與權璫有往來，將「有不忍言者。」〔註48〕故引孔子所言：「唯女子與小人爲難養也。」〔註49〕提醒熹宗；並一再舉東漢史事爲例，如：漢安帝的乳母王聖「煽江京、李閏之奸」、靈帝的乳母趙嬈「搆曹節、王甫之變」，〔註50〕乃因這些乳母都與宦官狼狽爲奸，使得朝政大亂，影射客氏與宦官有「婦寺竊柄」的可能。奈何士大夫的勸諫，已無法獲得熹宗的回響。

總之，客氏的進出宮中，比不曾出宮還嚴重，侯震暘便說：「皇上始而徘徊眷注，稍遲其出，猶可言也；出而再入，不可言也；時出時入，尤萬萬不可言也。」〔註51〕但「不可言」與「萬萬不可言」之事，終究還是發生，熹宗更確認客氏在其心中的重要性，士大夫已無法切斷這層關係，且伴隨而來的「怙寵邀恩」、「婦寺干政」，爲天啓朝政局埋下更多不安的因素。

第二節　客氏、魏忠賢與東林黨爭

客氏畢竟是一位出身卑賤的婦人，不論皇帝對她如何寵愛與信任，以她的性別、身分，是無法對政治產生任何影響力的。不過由於她跟宦官魏忠賢關係匪淺，兩人的聯合，加上熹宗對他們的信任，使得天啓一朝，成爲他們呼風喚雨的年代。當時就有道士在市井中傳唱：「委鬼當頭坐，茄花滿地紅。」〔註52〕「委鬼」指的是魏忠賢，「茄」指的是客氏，因爲「客」字北方人讀爲

　　　　時事疏〉，頁 2860。
〔註46〕《兩朝從信錄》，卷9，頁 1033。
〔註47〕《明熹宗實錄》，卷 15，頁 1a，天啓元年十月戊辰條。
〔註48〕《兩朝從信錄》，卷9，頁 1034。
〔註49〕史科給事中侯震暘、遼東巡撫方震孺皆曾引此語勸諫熹宗。見《兩朝從信錄》，
　　　　卷9，頁 1037、1064～1065。
〔註50〕《兩朝從信錄》，卷9，頁 1034。
〔註51〕同前註。
〔註52〕計六奇，《明季北略》（台北：文海出版社，明清史料彙編 4：1〔27〕，1968

「楷」,「茄」爲轉音。〔註53〕顯見時人對客、魏亂政的觀感。

一、將魏忠賢推上政治舞台的客氏

崇禎元年（1628）的時事小說《魏忠賢小說斥奸記》，描述熹宗還是皇長孫的時候，有一次到玄武門房裏與內官玩擲骰子賭錢，魏忠賢發現沒人理會「小爺」，心想他是未來的皇帝，就趁機巴結。後來熹宗即位，有一天忽然想到他，召見封他爲司禮監秉筆太監。這些傳述與事實有些出入，因爲魏忠賢不可能一受封就是秉筆太監（可能是魏任職秉筆太監時間較久，留給民間的印象極爲深刻），且他的崛起，也並非「新皇憶舊」，最主要是他陸續遇到一些「貴人」的關注，如：魏朝、王安以及客氏，其中又以客氏的協助最大。

（一）爭客氏

魏忠賢的崛起，始於萬曆後期，當時光宗對熹宗的生母王才人（孝和皇太后）原本就很冷淡。王才人生下由校（熹宗）後，自己無法照料，需有人替她辦膳，魏忠賢因近侍魏朝的引進，入宮替王才人辦膳。魏朝是司禮監秉筆太監王安的名下。魏忠賢入宮之後，不斷諂媚魏朝，因此魏朝則常在王安面前稱讚他，使王安留下不錯的印象。

至於魏忠賢會和客氏熟識，也是因爲魏朝之故。原本魏朝和客氏關係密切，猶如民間夫婦般。在當時宮中宦官與宮女被湊成一對，儼然形成一種習俗。《萬曆野獲編》即載：

> 內中宮人，鮮有無配偶者，而數十年來爲盛。蓋先朝尚屬私期，且
> 諱其事，今則不然，唱隨往還，如外人夫婦無異。其講婚媾者，訂
> 定之後，星前月下，彼此誓盟，更無別遇。〔註54〕

而這些與宮女相好的宦官，明代宮中稱之爲某某的「菜戶」。魏朝就是客氏的「菜戶」。後因魏朝工作忙碌，魏忠賢趁虛而入，頗得客氏歡心。這種三角關係，在熹宗即位後不久，面臨攤牌的局面。有一次魏朝、魏忠賢爲了客氏，在乾清宮的煖閣爭吵，驚動了熹宗。由於不願乳母在感情上受委屈，就問客氏：「客妳（奶），爾只說爾處，心要著誰，替爾管事，我替爾斷。」〔註55〕而客

年），卷2,〈異人歌〉，頁198。而《明史》則載：「魏鬼當頭坐，茄花遍地生。」
見《明史》，卷30,〈五行志・三〉，頁486。

〔註53〕《明史》，卷30,〈五行志・三〉，頁486。

〔註54〕沈德符，《萬曆野獲編》，卷5,〈內廷結好〉，頁416。

〔註55〕《酌中志》，卷14,〈客魏始末紀略〉，頁207。

氏長久以來就不習慣於魏朝的性情急躁與輕薄，反而喜歡魏忠賢的憨猛、好武，且魏忠賢又不識一字，感覺較為樸實，於是選擇了魏忠賢。王安對於自己名下之人，出此醜態，非常氣憤，打了魏朝一掌，要他告病往兵仗局調理。〔註56〕不久更調往鳳陽守陵，最後被殺。

（二）殺王安

光宗即位時，欲冊立由校為東宮，當時魏忠賢尚位列庫銜，〔註57〕職等不高，於是暗中與客氏聯絡，刻意擁戴太監王安，謀得東宮典膳局職位，也因為這樣，才有機會與看管由校的李選侍接觸，並參與「移宮案」奪皇長子的計畫。

光宗崩逝之後，楊漣上疏參劾，語及魏忠賢，魏手足無措，哭泣求於魏朝，請魏朝去向王安求情，由於王安對魏忠賢頗有好感，乃出面營救。當時魏忠賢還叫做李進忠，而李選侍身旁也有一個同名的李進忠，於是就把過錯嫁禍於他，以欺外廷。〔註58〕後來王安有些後悔，因為魏忠賢日益驕恣，常有侵權行為，乃向熹宗奏明，熹宗將魏忠賢派發給王安審問。王安責備忠賢，要他改過自新。魏忠賢表示一定自我約束，才獲諒解。

天啓元年（1621）五月，王安奉旨接掌司禮監掌印太監，循例辭謝，卻坐失良機，惹來殺身之禍。而司禮監秉筆太監王體乾也很想獲得此職，乃慫恿客氏，勸熹宗接受王安的請辭，客氏又找魏忠賢共商謀害之計，時忠賢尚猶豫不忍，客氏說：「外邊或有人救他，聖心若一回，你我比西李如何，終吃他虧。」〔註59〕李選侍下台之事，魏仍記憶猶新，於是唆使給事中霍維華彈劾王安，王安因此被降貶，終致被殺。王安的遇害，確立魏忠賢在內廷的領導地位，即使從中獲得司禮監掌印太監的王體乾，職位雖比魏高，也得聽命於他。

王安之死，雖為客、魏所害，但也要怪自已對局勢的誤判及識人不深。

〔註56〕同前註。

〔註57〕明朝內府衙門可分為十二監、四司、八局，總稱二十四衙門，此外，尚有其他單位，如：十庫，十庫共分：甲子庫、乙字庫、丙字庫、丁字庫、戊字庫、承運庫、廣盈庫、廣惠庫、贓罰庫。而魏忠賢出身甲子庫。參見《酌中志》，卷16，〈內府衙門職掌〉，頁277、344～347。

〔註58〕《酌中志》，卷14，〈客魏始末紀略〉，頁206。

〔註59〕《酌中志》，卷9，〈正監蒙難記略〉，頁153。《明史》，卷305，〈宦官二‧王安傳〉，頁7815，載：「爾我孰若西李，而欲遺患耶？」

雖然他是光宗面前的紅人，在「移宮」案護駕有功，但王安時常生病，跟熹宗相處時間並不多，儘管小皇帝對他仍有些敬重，但遠不若客氏來的親切有感情，這種不利於自己的因素，王安並沒有看清楚，反而在熹宗授與掌印太監時，委婉請辭，使宵小有可趁之機。

劉若愚曾對此評論曰：「何明於防西李老娘娘之垂簾，而昧於防客氏之淫橫也？嗚呼！知經而未知權耶？拘禮而寡於術耶？奈何自翦爪牙，束身入井，殃遺身後，禍及椒紳。」〔註60〕評論甚爲中肯，對王安未能防範客氏感到惋惜。或許歷史上「女禍」的產生，大部分來自后妃，因此對她們的提防就比較加強。但對於乳母干政雖曾有耳聞，然不在多數，且明朝也未曾發生過，儘管客氏「淫而狠」，以其性別、階級，應該無干政的可能。但他卻忽略客氏、魏忠賢二人謀合的影響力，也許王安認爲有恩於魏忠賢，不致被陷害，奈何識人不深！

逐魏朝、殺王安對魏忠賢來講，是他生命中最重要的轉折點，自此飛黃騰達，而這都要感謝客氏的幫忙。因此客、魏的感情更加親密，每次見面「必將宮人、官人屏開，語秘不得聞。」〔註61〕總有說不完的悄悄話。而且只要客氏家人受到委屈，他便挺身而出。如：有次因爲客氏的母親在路上被一群酒醉內官爭道惡罵，魏忠賢得知，親自到東廠將這些內官狠打一頓，貶抑至死。〔註62〕

客、魏二人關係之密切，亦反映在民間的小說中，如《警世陰陽夢》敘：「魏賊憑藉客氏窺伺內廷消息，客氏憑藉魏賊，傳遞外廷風聲。」〔註63〕《魏忠賢小說斥奸書》載：「他兩個在上前交相贊助，乘間乞恩。」〔註64〕而《皇明中興烈傳》更是形容他們如何「交相贊助」：「客氏夫人御前花言巧語，無非稱道魏忠賢；魏忠賢御前花言巧語，亦無非稱贊客氏夫人。內外爲奸，彼此膠固，而牢不可破矣。」〔註65〕雖然小說的用詞，略嫌誇張，卻也凸顯當時客、魏二人聯手蠱惑熹宗，藉以竊取政柄的野心。〔註66〕

〔註60〕《酌中志》，卷14，〈客魏始末紀略〉，頁208～209。
〔註61〕同前註，頁224。
〔註62〕《酌中志》，卷16，〈內府衙門職掌〉，頁302。
〔註63〕《警世陰陽夢》，第14回，〈結好妖姆〉，頁210～211。
〔註64〕《魏忠賢小說斥奸書》，第3回，〈賞從龍新皇憶舊，通阿乳進忠作奸〉，頁49。
〔註65〕西湖義士，《皇明中興聖烈傳》（上海古籍出版社，1990年），頁97～98。
〔註66〕明末崇禎初年，以魏忠賢爲題材的小說，包括：《警世陰陽夢》、《魏忠賢小說斥奸記》、《皇明中興烈傳》，距魏忠賢垮台時間甚短。且三書的素材來源有很多出自邸報、邸傳。其中《警世陰陽夢》，最早出版：該書與時務書籍《玉鏡

二、客魏擅政

（一）危害後宮

王安死後，魏忠賢任用王體乾、李永貞、石元雅、涂文輔等爲羽翼，完全掌控內廷，自嘉靖朝以來一度衰微的宦官勢力，爲之重振。接著魏忠賢開始染指朝政，利用熹宗年少好玩，引誘熹宗整天嬉戲玩樂。熹宗酷好木工，「朝夕營造而喜，喜不久而棄，棄而又成，不厭倦也。當其斤斲刀削，解服盤礴，非素暱近者不得窺視。」〔註67〕王體乾等人每聞皇上營造，即乘機奏事，熹宗就說：「爾們用心行去，我知道了。」〔註68〕因此太阿之柄下移。

魏忠賢除了染指朝政外，並與客氏謀害宮闈女性，手段極爲殘忍，諸如：造謠、謀殺、損子之事，無所不爲，釀成不少宮闈冤情，像趙選侍、裕妃、成妃、慧妃、馮貴人、……等人，皆受客、魏的橫肆與傷害，其被迫害情形，列表於下：

嬪妃稱號	被迫害情形
光宗的趙選侍	素與客、魏不合，熹宗即位後，客魏矯旨，勒令自盡，趙氏將光宗所賜首飾金珠，羅列桌上，沐浴禮佛，西向遙拜，痛哭許久，投繯而死。到崇禎帝即位時，「尙以宮人殉，無人肯爲申雪。」〔註69〕
熹宗的裕妃張氏	懷有身孕，因而受封爲妃，但張氏逾期未產，「且有違言」，遭到客、魏忌恨，便在熹宗面前，造謠毀謗，並矯旨將張氏的宮人、內官驅逐於外，並幽禁張氏於宮牆之內，絕其飲食。經過數天，張氏饑渴難耐，適逢下雨，奮力爬到外面，啜飲從屋簷上滴下的雨水數口，便氣絕而死。〔註70〕
成妃李氏	曾在天啓四年（1624）生下皇二公主，但因爲大地震，女嬰驚嚇過度而死。不過成妃的心地善良，對於被熹宗冷落的慧妃范氏極爲同情，因此，在服侍熹宗時，爲慧妃求情，但被客、魏所偵知，遂矯旨要革其封號、絕其飲食。由於裕妃餓死之例記憶猶新，成妃平時就在簷瓦磚縫之間，暗藏食物，因此得以存活。待客、魏怒氣稍解後，被斥爲宮人。〔註71〕

新譚》內容與議論有部分相同，可見當時小說並非全是杜撰誇張之筆，頗能反映當時民間對客魏亂政的不滿情緒。至於有關《玉鏡新譚》與《警世陰陽夢》的作者關係，參見顏美娟，〈明末清初時事小說研究〉，中國文化大學中國文學研究所博士論文，民國81年12月，頁77。

〔註67〕《酌中志》，卷14，〈客魏始末紀略〉，頁214。
〔註68〕同前註，頁215。
〔註69〕《酌中志》，卷8，〈兩朝椒難紀略〉，頁138。
〔註70〕同前註，頁140～141。
〔註71〕同前註，頁141～142。

馮貴人	因受熹宗寵愛，「客、魏恐其露己橫暴，乘其微疾，立刻掩死。」〔註72〕

　　不過，宮中有一位是客、魏很難動搖的人，就是張皇后。儘管張皇后與熹宗的感情，常因客、魏的搬弄是非而有所齟齬，但熹宗對張皇后依然敬重。客、魏因而更爲忌恨，不時有意加害。聞張皇后有孕，即暗囑宮人，在張皇后捻背時，重捻腰間，用力過度，導致流產。〔註73〕由於張皇后與客、魏關係不佳，其父張國紀也不得志，因此藉請假回鄉爲繼祖母治喪之際，乞加爵廕官，表明願自費建牌坊，希望將六禮恩詔刊刻於上。但除了自費辦理外，其他要求均爲熹宗所拒，因爲「封爵出朝廷，不得妄爲陳乞；六禮刊刻牌坊尤爲不諳事體。」〔註74〕另一方面，魏忠賢有計畫的要擊垮張皇后，故與客氏串通，「索米石不遂，捏占皇店，將國紀家人立枷，斃死數命。」〔註75〕並逮捕張國紀的家人，刑求編造對張國紀不利的供詞。〔註76〕又唆使順天府臣劉志選參劾張國紀，指其罪狀：

> 如謀宮婢以作妾，則色膽包天；占民房以拓居，則弱肉避地；選官
> 而納賄行求，則銓曹可以不設；鬻獄而輒稱懿旨，則法司幾于無權；
> 甚則睚眥之小，不過語言相爭，而立斃于拳毆之下；通侯之賞目，
> 自是優崇異數，而陳乞於至尊之前。〔註77〕

藉此希望熹宗能夠申斥張國紀，使他洗心自新，文末還附「丹山之穴，藍田之種者，此又非臣所不敢言也。」〔註78〕暗指張皇后不是張國紀的女兒。其實張皇后的身世，在天啓初年即有議論，張國紀還曾上疏爲此辯解：「神奸宋八等構宛平縣監侯強寇孫二及慈恩寺妖僧結拜同盟，捏稱孫二爲皇后親父，妻隋氏爲皇后親母。」後來發現原來是「宋八有女罷選，怨望造言；孫二妄認椒塗，意圖脫罪。」〔註79〕類似這種假冒外戚的狀況，在明朝時有聞之。魏忠賢的黨羽乃將多年前的謠言重新炒作，目的在動搖張皇后的地位。不過

〔註72〕蔣之翹，《天啓宮詞》，頁603。
〔註73〕《酌中志》，卷8，〈兩朝椒難紀略〉，頁137。
〔註74〕《明熹宗實錄》，卷72，頁2b～3a，天啓六年六月癸酉條。
〔註75〕《玉鏡新譚》，卷9，〈爰書〉，頁132。
〔註76〕《明熹宗實錄》，卷76，頁17a，天啓六年九月己亥條。
〔註77〕《明熹宗實錄》，卷77，頁16a，天啓六年十月己未條。
〔註78〕同前註，頁16b。
〔註79〕《明熹宗實錄》，卷11，頁5a～5b，天啓元年六月己卯條。

熹宗並未追究，只是要求國紀自新，勿再執迷。〔註80〕儘管仍有人陸續織羅張國紀的罪狀，誣衊張皇后的身世；但熹宗最後的處置爲「念中宮懿親，國家大體，姑著回原籍，俾痛改舊愆，保全終始。」〔註81〕藉「懿親」二字，表達承認張國紀與張皇后的父子關係，使得魏忠賢的奸計無法得逞。其實，閹黨一直欲加害張皇后，主要是因張皇后個性鯁直，時常在熹宗面前指責客、魏之過。有一次熹宗去坤寧宮看張皇后，見到他桌上放著一卷書，便問是何書？張皇后答：「趙高傳。」諷刺魏忠賢有如趙高亂政，熹宗默然無語。魏忠賢得知，更加震怒！次日，魏忠賢預伏數名武士，在熹宗上朝時，佯裝搜到這些懷有利刃的武士，送交東廠、錦衣衛處理，魏忠賢想藉此「誣后父國紀謀立信王不軌，以興大獄。」但由於此案涉及熹宗唯一的親弟弟信王，關係重大，王體乾於是勸魏忠賢：「主上凡事憒憒，獨于夫婦、兄弟間不薄，脫有變，吾輩無噍類矣！」魏忠賢一聽大懼，才未再加害。〔註82〕

總之，只要被懷疑在熹宗面前說客、魏不是的妃嬪，就有可能被二人矯旨絕食勒死，或乘有微疾而被暗殺。另一方面，可能出自客氏的嫉妒心，從熹宗大婚引起「客氏不悅」〔註83〕的情形來看，可見她並不想讓別的女人擄獲熹宗的心。因此，只要聽聞誰害喜、受寵，就加以陷害。最令人驚訝的是，熹宗對於後宮蒙難之事，除對張皇后的身世曾加以澄清外，似乎無動於衷，無法保其子卻又不自覺，此種反應實超出情理之外，因此不免讓人感嘆：「皇上身爲天子，而三宮列嬪盡寄性命于忠賢與客氏之喜怒，危如朝露，能不寒心？」〔註84〕

（二）楊漣上疏劾魏

由於客、魏的坐大，朝政日益濁亂，尤其是魏忠賢於天啓三年（1623）十二月，受命總督東廠，掌握鎮壓異己的生殺大權，東林黨人紛紛上疏彈劾魏忠賢，其中以左都副御史楊漣的奏疏，最爲著名。

〔註80〕《明熹宗實錄》，卷77，頁16a～16b，天啓六年十月己未條。

〔註81〕《明熹宗實錄》，卷81，頁3a，天啓七年二月庚子條。

〔註82〕李遜之，《三朝野紀》（台北：文海出版社，明清史料彙編3：1〔17〕，1968年），卷3，頁392。或計六奇，《明季北略》，卷2，〈魏忠賢怒張后〉，頁196。

〔註83〕「熹宗婚，立張氏爲皇后，王氏爲良妃，……客氏不悅。」見《明季北略》，卷2，〈魏忠賢濁亂朝政〉，頁137。

〔註84〕此爲吏科給事中魏大中劾忠賢的疏文句子，見《明熹宗實錄（梁本）》，卷43，頁8b，天啓四年六月己丑條。

楊漣於天啓四年（1624）六月，上疏痛斥魏忠賢二十四大罪，包括：自行擬旨，擅權亂政；斥逐直臣，重用私黨；親屬濫加恩蔭；利用東廠，陷害忠良；以及生活糜爛腐化、窮奢極侈等等。〔註85〕尤其對於宮闈的恩怨，亦詳加批判，如第八條罪「傳聞宮中有一貴人，以德性貞靜，荷上寵注，忠賢恐其露己驕橫，託言急病，立刻掩殺，是皇上且不能保其貴幸矣。」第九條罪「裕妃以有喜，傳封中外，欣欣相告矣。忠賢以抗不附己，屬其私比捏倡無喜，矯旨勒令自盡，不令一見皇上之面，昔堯以十四月而生，假令當日裕妃幸存，安知不爲堯母？是皇上又不能保其妃嬪矣。」第十條罪「中宮有慶，已經成男，凡在內廷，當如何保護，乃繞電流虹之祥，忽化爲飛星墮月之慘，傳聞忠賢與奉聖夫人實有謀焉，以皇上麟趾開祥，何妨斯男則百，而忠賢包藏禍心若此，是皇上亦不能自保其第一子矣。」楊漣企圖藉魏忠賢殘害后妃之事，觸動帝心，以治魏之重罪。

疏上，魏忠賢大懼，向熹宗哭訴，客氏、王體乾及其他宦官爲他辯解，其中客氏尤爲最重要的關說者。畢竟客氏也是楊漣文中的罪魁之一，楊漣認爲只要魏忠賢奸狀敗露，客氏即「爲之彌縫其罪」、「從旁巧爲營解」，〔註86〕因此希望皇帝除了速快將魏忠賢正法外，且讓「奉聖夫人客氏，亦并敕令居外，以全恩寵，無復令其厚毒宮中。」不過楊漣把客氏牽扯進去，注定這次參奏必會失敗。因爲熹宗對乳母的眷念之情，從過去的經驗可知不是任何人可以化解的，況且后妃被害、皇子不保，熹宗都未予追究。因此劾魏的結果，正如楊漣所言，客氏「從旁巧爲營解」，熹宗不僅原諒了魏忠賢，更於次日下旨，切責楊漣：

> 朕自嗣位以來，日夕兢兢，謹守祖宗成法，惟恐失墜，凡事申明舊典，未敢過行，各衙門玩愒成風，紀綱法度，十未得一二。從前奉旨一切政事，朕所親裁，未從旁落，至于宮中皇貴妃并裕貴妃事情，宮壼嚴密，況無實實，外廷何以透知？內言毒害中宮、忌貴妃皇子等語，憑臆結禍，是欲屛逐左右，使朕孤立于上，豈是忠愛，楊漣被論回籍，超擢今官，自當盡職酬恩，何乃尋端沽直？本欲逐款窮

〔註85〕 有關楊漣彈劾魏忠賢的奏文內容，可參見氏著，〈劾魏忠賢疏〉，《楊大洪先生文集》，卷上，頁 1a～10a。《明熹宗實錄（梁本）》，卷43，頁 1a～6b，天啓四年六月癸未條。

〔註86〕 楊漣，〈劾魏忠賢疏〉，前揭書，卷上，頁 8a。

究，念時方多事，朝端不宜紛擾，姑置不問，以後大小各官，務要

修職，不得隨聲附和。有不遵的，國法具在，決不姑息。〔註87〕

從聖旨內容來看，顯然爲閹黨人士所擬，〔註88〕不僅沒有提到魏忠賢亂政的
罪行，反而抓住楊漣所提的宮闈是非，嚴加指責，因爲人臣批評宮闈，原本
就爲歷代皇帝的忌諱。更何況楊漣自己在奏疏中，也承認他的消息都是由「傳
聞」得來。當時，黃尊素讀到楊漣的奏疏就認爲文中「多摭宮嬪風影事」，不
禁嘆息道：「此適貽之口實耳！」〔註89〕果眞如其所料。楊漣參劾魏忠賢之舉，
顯然是失敗了，而魏忠賢卻因而更爲囂張。

（三）客魏的大起大落

　　楊漣的抗疏，使得東林黨與閹黨對立更加明顯。但東林這次的討魏行
動，並未能動搖魏忠賢的地位，反而自己人被傷得最深，紛紛遭到貶抑、梃
杖、處死。而過去在「三案」中，被指稱爲奸黨的人，幾乎都聚集到魏忠賢
陣營，想重新翻案，忠賢也想乘機將反對他的人一網打盡。如編修《三朝要
典》，指責東林黨人罪惡滔天，結營黨私，結果東林盡逐，朝中盡爲閹黨所
控。天啟六年（1626），各地地方官紛紛爲魏忠賢建立生祠，魏璫勢力達到
空前的高峰。閹黨大臣深知道魏忠賢與客氏的「友好」關係，更百般阿諛，
據載：「顧秉謙、傅櫆、阮大鍼、倪文煥、楊維垣、梁夢環，俱拜忠賢爲父、
客氏爲母。」〔註90〕朝中士大夫道德之淪喪，由此可見一斑。

　　客、魏的風光，並未維持多久，因爲天啟七年（1627）八月，熹宗因病
駕崩，享年才二十三歲，〔註91〕由於熹宗無子，詔皇五弟信王由檢嗣皇帝位，
是爲思宗。由檢對於魏忠賢的作爲相當厭惡，即位不久，便設法除掉魏忠賢

〔註87〕《明熹宗實錄（梁本）》，卷43，頁6b，天啟四年六月癸未條。

〔註88〕魏忠賢請魏廣微草擬，一如忠賢之意。魏廣微其父魏允貞，與東林黨人關係
　　　　良好，但魏廣微爲人陰狡，不爲東林黨人所納，故投效魏忠賢。參見《先撥
　　　　志始》，卷上，148、150。

〔註89〕黃尊素，《說略》，收入《中國野史集成：先秦～清末 31 集》（成都：巴蜀書
　　　　社，1993 年），頁 311。

〔註90〕計六奇，《明季北略》，卷2，頁23a。

〔註91〕熹宗得病之因，可追溯到天啟六年（1626）夏，因溺水所引起的。據劉若愚
　　　　的記載：客氏同逆賢共在橋北淺水處大舟上飲酒樂甚。先帝與王體乾名下高
　　　　永壽、逆賢名下劉思源，皆十七、八歲小璫，在橋北水最深處，泛小舟蕩漾。
　　　　上身自別划船，二璫佐之，相顧歡笑，若登仙然。忽風起舟覆，二璫與上俱
　　　　墮水，船上金大壺、酒具盡沒。當時兩岸驚譁，皆無人色。」見《酌中志》，
　　　　卷10，〈逆賢亂政紀略〉，頁 163。

與客氏，但他起先按兵不動，讓忠賢摸不清他的心態，經過兩個月的對峙，思宗逐漸削弱魏忠賢的勢力，而不滿魏忠賢的士大夫紛紛彈劾魏忠賢，思宗便下令治罪，忠賢被押發到鳳陽看守皇陵，在前往鳳陽的路途中，忠賢自知死罪難逃，自縊身亡。而客氏早在忠賢被貶之前，已從家中被發往浣衣局。〔註92〕不久，太監王文政嚴刑審問，「得宮人妊身者八人，蓋其出入掖庭，多攜侍膝，謀爲呂不韋、李園故事也。」〔註93〕也就是說熹宗病重時，客、魏二人曾密謀使八名宮人懷孕，佯作「龍種」，一旦出生，即爲繼嗣者，則客、魏仍能把持政權。思宗得知後大怒，立刻命人赴浣衣局將客氏笞死。〔註94〕客、魏雖死，但君臣之間，追究客、魏的罪狀，並未終止，思宗下諭指出：

> 奸惡魏忠賢串通逆婦客氏，恣威擅權，逼死裕妃、馮貴人，矯旨革奪成妃名號，慘毒異常，神人共憤。朕與昭雪復號，以慰先帝在天之靈。〔註95〕

而刑部、都察院、大理寺等審理客、魏的官員，則認爲：

> 魏忠賢，掃除官奴，客氏，輿臺猥婢也。一徼扈蹕之寵，親臣自命；一恃青宮之愛，褓姆爲功。忠賢藉客氏以窺伺禁闈；客氏藉忠賢以立威外庭。于是謀合連環，奸同狼狽，怙勢弄權，無所不至。……此二兇者，陰謀相濟，幾令廟社危疑，逆惡竝逞，已見神天震怒，干紀犯順，罪莫大焉。〔註96〕

而稗官野史，對客魏之死，有詩慶賀曰：「宮闈積蠹已多年，忍把毒手漫障天，逆賊逆婦相殄滅，臣民自此始安眠。」〔註97〕客、魏的垮台，使天啓黨爭終告結束。

分析東林黨人對客氏的指控，主要在於她：迷惑熹宗、陷害嬪妃以及與魏忠賢狼狽爲奸。由於她與熹宗情同母子，因此深獲熹宗的寵信；至於迫害後宮的后妃，乃出於嫉妒之心，致熹宗無子。然而影響最大的是，實客、魏的狼狽爲奸，因爲迷惑熹宗、陷害嬪妃尚不足以危亂國政，但二人的結合，

〔註92〕明代宮人年老及有罪退廢者，多發配此局，以防止洩漏宮廷之事。見《酌中志》，卷16，〈内府衙門職掌〉，頁330。
〔註93〕《明季北略》，卷3，〈掠死客氏〉，頁231。
〔註94〕《酌中志》，卷16，〈内府衙門職掌〉，頁330。
〔註95〕《玉鏡新譚》，卷9，〈爰書〉，頁136。
〔註96〕同前註，頁136～137。
〔註97〕西湖義士，《皇明中興聖烈傳》，頁370。

並有熹宗爲依恃，使許多士大夫如蠅附羶，反東林黨勢力爲之大增，此爲東林黨人由強轉弱的重要關鍵。

　　當然，東林黨人在這次黨爭中，會受到這麼大的打擊，除了由於外在情勢的惡化，也與其過於辨別君子小人有關，然品類別白過甚，不免爲人性中好同惡異之習性所蔽，故其繩人往往過刻。〔註98〕有時甚至同室操戈，連同黨士大夫，也受到攻擊，如抨擊客氏的給事中侯震暘，就因彈劾次輔劉一燝，結納王安，致使一燝上疏乞歸。〔註99〕對於自己人都如此，更何況非東林者，《明史》即論：

> 方東林勢盛，羅天下清流，士有落然自異者，詬誶隨之矣。攻東林者，幸其近己也，而援以爲重。於是中立者類蒙小人之玷。核人品者，乃專以與東林厚薄爲輕重，豈篤論哉。〔註100〕

此論凸顯了東林的意氣矯激之弊，所以反東林者紛紛投效魏忠賢以求生存，並藉魏璫的勢力擊倒東林黨人。

小　結

　　魏忠賢之所以能夠得勢，與傳統君主專制政體有很大的關係。因爲在中國的政治傳統中「明君」在位時是皇帝親自操縱行政機器，而「昏君」當道時則這部機器便落到了宦官的手上。這是由於君權是獨佔性最強烈的東西，即使皇帝不想攬政，也不會將權力交給宰相或閣臣，而寧可讓他的宮奴去分享。〔註101〕而魏忠賢便因遇到「昏君」──明熹宗，故能夠倒持太阿。

　　但這都要歸功於客氏的協助，儘管客氏不太過問政事，但她總能適時發揮影響力，尤其在若干關鍵時刻，拉拔、袒護魏忠賢。譬如：謀害王安時，魏忠賢一度猶豫，客氏分析利害，使魏忠賢願意奮力一搏；楊漣的上疏劾魏，也賴客氏的極力關說，才渡過危機。

　　至於她本身最受抨擊之處，在可以隨意進出宮中，以及橫行宮闈，陷害后妃，因此成爲天啓黨爭中爭議的焦點之一。儘管宮闈秘事，往往爲帝王所

〔註98〕林麗月，〈明末東林運動新探〉，頁408。
〔註99〕《明史》，卷240，〈劉一燝傳〉，頁6241。
〔註100〕《明史》，卷256，〈崔景榮等傳・贊〉，頁6616。
〔註101〕余英時，〈「君尊臣卑」下的君權與相權──「反智論與中國政治傳統」餘論〉，《歷史與思想》（台北：聯經出版事業公司，1976年），頁68。

忌諱，然一旦成爲政爭的話題，其影響不可小覷。過去萬曆朝，許多士大夫，因上疏宮闈之事被貶，反而聲名大躁，但天啓的抗疏者卻招來殺身之禍。這恐怕不是東林黨人所料想得到的，最主要的原因就在於熹宗的「童昏」。欲瞭解客氏與政爭的關係，就必須由熹宗、士大夫的角度來觀察。熹宗是個感情表達很直接的人，或許這與熹宗在成長期間未受到良好的教育有關，他不在乎禮教的規範、別人的看法，只希望把自己的感覺表達出來。因此他的諭旨中偶爾出現「涕泣不止」、「涕泣啾唧」、「憶泣痛心不止」的字句，自然流露心中的感覺，同樣的道理，從他對客氏的眷戀，可以理解他爲何不在乎士大夫的勸諫，執意把客氏請回來；對於客、魏肆毒宮闈，陰損皇子之事，也可以不予追究。

但在東林士大夫眼中，熹宗對客氏的尊崇與放縱，逾越了性別、身分的界限，違反尊卑秩序，乃士大夫所不能忍受，因爲他們自「國本」之爭以來，強調「公是公非」，重視匡正「君心之非」，並且講求政治道德，嚴於君子小人之辨，因此挺身而出糾舉。至於閹黨的士大夫，由於道德意識薄弱，比較著重現實政治環境與個人利害。況且熹宗視客氏如母，意謂具有等同皇太后的榮寵，臣子跟著尊稱爲母，並不爲過，既是如此，就不會從性別、身分的角度來批評客氏。由此我們可以發現東林黨、閹黨之間在禮制觀念與道德理想上的差異。

總之，天啓朝的東林黨爭，主要由於熹宗的童昏，魏忠賢的竊權，引起東林黨人的不滿與抗爭。但客氏若不是熹宗的乳母，魏忠賢不是客氏的「菜戶」，這場黨爭勢將改寫，因此客氏具有「穿針引線」的作用，使得熹宗寵信魏忠賢，造成政局大亂。東林黨人雖然在天啓初年的驅逐客氏事件中，已明白無法斬斷他們三人的關係，但基於自己的道德意識，以「知其不可爲而爲之」的精神，力抗魏璫，終致壯烈犧牲。

結　論

　　傳統中國對於婦人干政頗爲忌諱，因此「牝雞司晨」與「女禍」等觀念盛行，這固然部分由於國史上女主攝政，導致國家衰亡的例子，使後世引以爲戒。但女主之所以能預政，與傳統的君主專制政體有關，因爲皇帝是一切政治權力的根源，也是整個制度運作的核心，只是皇帝一旦重病或駕崩，嗣君尚在稚齡，勢必要有暫時代理政務的人，這就是攝政。而太后攝政是最常見的過渡性辦法。她可恃其爲新帝之母的優勢地位，實施合法的攝政。因爲中國傳統文化重視「孝親」，尤其歷代許多皇帝，標榜著以孝治天下，使得母后地位尊崇，「母權」極高，在這樣的文化背景下，只要新君年幼，太后臨朝攝政，就成爲自然而然的事。但是女主攝政，不僅違反傳統父系社會下男尊女卑的社會秩序，而且常會招致「外戚之患」，皇室正統有遭異姓篡奪的疑慮，亦被視爲「女禍」的一環。故歷代對於「女禍」，莫不加強防範。

　　有明一代，對后妃干政的防範措施成效最著。由於明太祖鑑於前代「女禍」之嚴重，對宮廷后妃教化頗爲重視，在洪武元年（1368），命儒臣編修《女誡》，並戒諭后妃不許干預政事。而明初的幾位皇后，如：馬皇后、徐皇后都致力宮中教化，後者更並編撰《內訓》，推廣《古今列女傳》，使後世后妃知所惕厲；此外，世宗生母蔣太后、神宗生母李太后也陸續編《女訓》、《女鑑》，以廣教化。

　　而外戚的好壞，也關係著后妃的賢德，所以對外戚的防範也很注意，但光靠后妃的努力是不夠的，皇帝能不能有效控制外戚，才是最主要的關鍵。有的皇帝在外戚不過問政事的前提下，對於外戚的封賞甚爲優渥，有時甚至過於推恩濫賜，不免讓一些不肖外戚違紀犯法。不過與歷代的外戚比起來，

明朝的外戚算是最屏弱的。

明代宮闈女性中，在政治上較有權力的仍屬太后，然太后預政，其權力仍有所限制的，因此勢須與朝中大臣協調，才能獲得某種程度的裁決權，無形之中，大臣也對太后的行為，形成制約與規範。尤其在決定皇位繼承、考量新君的過渡時期，太后往往不得不接受大臣的意見。因此，明代后妃若要攝政，都不得不有所顧忌。而且明朝對后妃干政的界定非常廣，只要有「混淆聖聽」嫌疑的后妃，都有可能被視為「女禍」而招致激烈的批評。所以像明神宗遲遲不立「國本」，很多士大夫就懷疑是鄭貴妃在背後蠱惑。

鄭貴妃在萬曆十四年（1586）至萬曆二十九年（1601）間的「國本」爭議中，始終無法置身於事外，試想一個備受寵愛的妃子，多少可能會替自己的親生兒子謀畫出路，更何況神宗站在她這一邊用心迴護。但她所面對的難題，與明神宗一樣，必須面對官僚系統的反彈，因為士大夫是禮教綱常的維護者，鄭貴妃從被封為貴妃之始，名位超過常洛之母恭妃，因此群臣急於請皇帝冊封恭妃為皇貴妃，立常洛為皇太子，但不為神宗所動。只是神宗也是由「長幼有序」的禮制中，獲得帝位，亦不敢違背禮制，又不想遵從，只有藉著「怠工」的方式，將「國本」問題擱置。

另一方面神宗設計遲立太子的理由，如太子身虛、「三王並封」與待嫡，無一不是為鄭貴妃母子設想。雖然鄭貴妃及其家人也曾數次諫立皇長子為太子，但這是出自內心或另有意圖，頗值得懷疑。從群臣上諫的奏疏來看，有的將鄭貴妃比擬為褒姒、驪姬等亡國之女，視為「女禍」。在批評鄭氏的同時，士大夫不僅為王恭妃抱屈，並讚揚王皇后保護元子之功，意欲凸顯后妃的聖德以貶抑鄭貴妃。

到了萬曆二十六年（1598）發生「妖書」案，此事起因於鄭貴妃委託伯父鄭承恩刊刻呂坤的《閨範圖說》，並增補十二人，鄭貴妃還為此書寫序言，此書刊刻的目的原為推廣女教，澄清外廷對她的誤解，卻造成更大的風波。有人為此著《憂危竑議》，諷刺鄭貴妃與呂坤。戴士衡、樊玉衡等官員則被懷疑是幕後的主使者，因而遭到貶抑。這次的「妖書」案，問題關鍵確在鄭貴妃，因為過去女教書的刊刻，都是由太后、皇后推動，此次竟由鄭貴妃主導，顯見其有意將自己比擬中宮，嚴重違反禮制，所以招來質疑。在大臣不斷關心「國本」以及輔臣沈一貫的勸說下，神宗終於冊立常洛為皇太子。

「國本」爭議的性質屬於一場「君臣之爭」，因為不管是閣部大臣或言官，

他們都一致要求神宗早日冊封皇太子。但群臣之間，不免有人藉著鄭貴妃與「國本」的議題抨擊對方。尤其張居正死後，繼任的內閣輔臣，爲了保住權位，故作平庸，缺乏政治責任感。另一方面，則是內閣與吏部之間的衝突擴大以及言路大開，所以儘管申時行、王錫爵也要求立常洛爲太子，但他們的唯唯諾諾卻引起朝臣不滿，因此當申時行的密揭外流，王錫爵勉強同意「三王並封」，立即遭到各方的指責。鄭貴妃在這場爭議中，大都是神宗爲其袒護，另外還有善迎帝意的首輔及鄭氏戚臣護之，尤其是後者，基於血緣關係及家族興衰，莫不爲鄭貴妃澄清「誤會」，甚至轉而批評攻擊者。

由於鄭貴妃的受寵以及鄭家的興起，對常洛是永遠揮之不去的陰影，即使已貴爲太子，其地位仍不穩定。加上當時朋黨之爭，已逐漸形成，因此有人藉此抨擊政敵，造成「國本」餘波盪漾，並反映在第二次「妖書」案中。這次的「妖書」案乃因《續憂危竑議》所引起，撰者藉著一段對話式的文章，透露神宗有易儲的可能，支持鄭貴妃者不在少數，文末並批評沈一貫爲人「陰賊」。神宗得知此事，甚爲震怒，爲「好善畏禍」的鄭貴妃抱屈，下令逮捕禍首。而沈一貫卻也趁機陷害，造成冤獄，最後捉拿一位有前科的生員皦生光來頂罪，了結此案。另一方面，此事正反映朝野上下對於皇太子地位岌岌可危的一種憂患意識，彼等力圖以輿論壓力，迫使明神宗、鄭貴妃不敢貿然廢太子立福王。對神宗而言，妖書的主謀者是誰並不重要，把這個與國本有關的輿論壓下來才是當務之急，因此對於皦生光的處理，他以凌遲再梟首示眾，使大家有所警惕，不敢再貿然造次。

兩次「妖書案」有一共同點，就是透露支持鄭貴妃的人士，或許這是杜撰者故意陷害他人的作法。不過，由此亦可看出鄭貴妃的支持者應在不少數。所以從日後「國本」餘波的發展來看，鄭貴妃仍是爭議的焦點，大臣藉此攻擊政敵的意味，更加濃厚。

萬曆四十一年（1613）發生王曰乾案（妖人案），他上奏有人爲報答鄭貴妃的厚恩用妖術詛咒聖母、皇帝及東宮。其所言內容屬實與否，值得推敲，但卻反映了民間對「國本」爭議的印象；其次，又證明鄭貴妃在宮中勢力的擴大，對部屬施以恩惠，使其成爲羽翼，掌控內廷。幸因葉向高對王曰乾案的迅速處置，讓神宗更加信賴葉的辦事能力，進而促使拖延多時的「福王之國」終能成行。雖然鄭貴妃請人向葉向高請求多照顧福王，也企圖遊說延緩就藩時間，但仍無法挽回聖意。

「福王之國」才過一年多，宮中爆發襲擊皇太子的案件，史稱「梃擊案」，兇手迅即被捕，經過多次訊問，得知其名為張差，是得到宮中宦官龐保、劉成的指使，而龐、劉二人皆為鄭貴妃的內侍，一時舉朝嘩然，尤其東林黨人皆認為鄭貴妃與戚臣鄭國泰為幕後的主謀，迫使明神宗不得不出面安撫，迅速將張差處死，了結此案。雖然鄭貴妃不一定是「梃擊案」的幕後主使者，不過由於她身邊的內侍，涉及此案，她就必須承擔部份責任。況且她受寵不衰，對朱常洛的皇太子地位，隨時存在著威脅，因此只要有一絲危及「國本」之事，鄭貴妃便成為東林黨人第一個懷疑的對象。尤其其弟鄭國泰，在外私自結黨營社，引人揣測，難免受到攻擊，這也反映鄭貴妃自覺的不足，未能適時約束戚臣，以致鄭國泰毫無忌憚。值得注意的是，「梃擊」案會鬧得這麼大，乃因當時朋黨樹立，除了東林黨、浙黨外，尚有「齊黨」、「楚黨」、「宣黨」，廷臣排斥異己，爭執不休。因此在「梃擊」案中，東林黨人堅持張差是受鄭貴妃的內侍指使，有一部分動機是為了攻擊首輔方從哲等浙黨。到了天啟朝的黨爭，「梃擊」案的相關人物，更成為東林、閹黨互相批判、平反的對象，鄭貴妃及鄭國泰對黨爭中的士大夫來說，只是被利用的「工具」而已。

「梃擊」案之後，方從哲仍穩坐首輔之位，因此到了萬曆四十五年（1615）丁巳京察時，「盡斥東林，且及林居者。」〔註 1〕東林黨嚴重受挫，但萬曆四十八年（1620）因為發生「紅丸」案，形勢又告改觀。是年神宗駕崩，常洛登基，是為光宗，鄭貴妃為討好光宗以謀后位，進奉八名美女，引導光宗淫樂，又因誤食崔文昇的泄藥、李可灼的紅丸，在位一個月即告崩逝。光宗的死因，應為縱慾過度與誤食藥物，但因崔文昇是鄭貴妃的心腹；李可灼是首輔方從哲引進的，方從哲又與鄭家關係密切，因此「紅丸」案極易被懷疑是一場「陰謀」。鄭貴妃不免又受到責難。

神宗駕崩之際，鄭貴妃曾遷居乾清宮，後來被迫離開，她已經意識到她對政治的影響力越來越小，因此將賭注押在光宗的寵妾李選侍身上。而李選侍也是光宗的長子由校之監護撫養人，她深信只要控制好由校，就能掌握榮華富貴。因此當光宗駕崩之後，李即仿鄭貴妃留居乾清宮，冀求獲得名號，未料由校反被群臣迎走，造成的「移宮」風波。東林黨人指李選侍有「垂簾聽政」的野心，但明朝既無此制，選侍亦非太后，使她干政的機率就不大，唯她要求閱覽廷臣牋奏，實又太過，不免讓人懷疑選侍染指政治的企圖心。

〔註 1〕《明史》，卷 218，〈方從哲傳〉，頁 5760。

　　綜觀「梃擊」、「紅丸」、「移宮」三案，皆發生在方從哲秉政時期，由於其性情柔弱，對於帝意未能有所匡正，以致朝政更為腐敗。加上方從哲藉京察罷斥異己，使具有「救世」情懷的東林黨，不免憂心埋怨。因此在天啟初年時，東林人士逐漸得勢，群起攻擊方從哲，控訴他與鄭貴妃等人裡應外合，危害皇帝。東林黨人批評鄭貴妃、李選侍二人，主要是為了防止后妃干政，希望君主不要再受蠱惑。至於攻擊方從哲，是要促方氏離職，讓東林黨人在施政措施上減少阻力。所以檢視東林黨在三案的奏疏內容，會發現攻擊方從哲比攻擊鄭、李二人多。

　　東林黨人的願望，似乎在天啟初年開花結果，可惜這只是曇花一現的光景，因為一個被群臣所忽略的宮中保姆——客氏，深受朱由校的眷戀，「女禍」的疑慮仍揮之不去，加上客氏的「榮戶」魏忠賢也隨之受寵，「閹禍」之為害亦且變本加厲。

　　魏忠賢因為有客氏的支持，熹宗的庇護，掌控朝政，東林黨人抑制不成，反遭到魏璫的報復，編定《三朝要典》，重審三案，以傾正人，東林黨人遭受空前的挫折。其實明末的三案之爭與孝道的觀念有密切的關係。《孝經・天子章第二》曰：「愛親者不敢惡於人，敬親者不敢慢於人，愛敬盡於事親，而德教加於百姓，刑于四海，蓋天子之孝也。」〔註2〕意即天子極盡事親，方可為人民表率。然天子行孝，另含有政治目的，希望朝臣、百姓亦能將事父之孝，轉至事君，將君臣關係「父子化」，使忠孝混同在一起。閹黨即欲以「孝」之名，加害東林。因為東林黨人在論述三案時，指責神宗寵信鄭貴妃，危及東宮；並逼使李選侍移宮。閹黨認為這種離間皇家骨肉的行為，導致世人誤以為神宗不慈；光宗、熹宗不孝，並引熹宗之言：「三案之姦兇，皆一堂之衣缽，將使皇祖、皇考抱疑不白，而朕躬亦幾陷不孝。」〔註3〕東林陷國君於不孝，便是「亂臣賊子，人人得而誅之。」藉此重挫東林；以澄清神宗祖孫三代「父慈子孝」，間接也「證明」鄭貴妃未曾蠱惑君心；李選侍亦無垂簾聽政的野心。唯《三朝要典》扭曲孝的本質，混淆是非，鄭、李二人是否有干政野心，並未因此成定論。

　　總之，鄭貴妃、李選侍、客氏三人之所以成為晚明政局中備受爭議的人物，乃因她們都被懷疑左右君意，操縱帝心，不免觸犯「牝雞司晨」的禁忌。

〔註2〕《孝經》，卷1，〈天子章第二〉，頁4b～5a。
〔註3〕《三朝要典・序》，頁7～8。

其實鄭貴妃在《閨範圖說》序言中，即不斷表明其用意，在規勸婦女遵守婦道，無異更加鞏固男性的尊崇地位。既然如此，她所期待的頂多是當個太后，享受榮華富貴而已，而非預政。而從李選侍被指意圖垂簾聽政而震怒的情形來看，她當亦有所顧忌。至於客氏，因為與她的「菜戶」魏忠賢，情同夫妻，實際干政的是魏忠賢，她只是穿針引線、居中協助而已。三者縱使有野心，在明朝這樣君主專制的時代，便有很大的侷限性，不可能有獨攬政權的機會。然而不可否認的，她們仍具相當程度的影響性。尤其萬曆中葉以後，各黨士大夫為排斥異己，利用與這三位宮闈女子有關的議題，藉以打擊政敵，加速黨爭的激烈。而且當時宮闈消息流傳迅速（可能是宦官傳出或是經由邸報的傳鈔，加上印刷術的發達），因此很快傳遍朝野。宮闈之事所以引人好奇，就在它的神秘隱諱，再經過有心人士的解讀與渲染，因此鄭貴妃、李選侍與客氏三位女性不被懷疑有干政之企圖，亦是十分困難之事。

徵引書目

壹、文獻史料

一、官書典籍

1. 漢・孔安國傳,《尚書正義》,台北:藝文印書館,重刊宋本十三經注疏,民國 44 年。

2. 漢・毛公傳,《毛詩正義》,台北:藝文印書館,重刊宋本十三經注疏,民國 49 年。

3. 漢・司馬遷,《史記》,台北:鼎文書局,民國 66 年。

4. 漢・何休注,《春秋公羊傳》,台北:藝文印書館,重刊宋本十三經注疏,民國 68 年。

5. 魏・何晏等注,《論語注疏》,台北:藝文印書館,重刊宋本十三經注疏,民國 49 年。

6. 晉・范寧注,《春秋穀梁傳注疏》,台北:藝文印書館,重刊宋本十三經注疏,民國 49 年。

7. 晉・陳壽,《三國志》,台北:鼎文書局,民國 66 年。

8. 劉宋・范曄,《後漢書》,台北:鼎文書局,民國 66 年。

9. 北齊・魏收,《魏書》,台北:鼎文書局,民國 64 年。

10. 唐・房玄齡,《晉書》,台北:鼎文書局,民國 64 年。

11. 唐・李延壽,《北史》,台北:鼎文書局,民國 65 年。

12. 唐・唐玄宗御注,《孝經》,台北:藝文印書館,重刊宋本十三經注疏,民國 71 年。

13. 唐・魏徵,《隋書》,台北:鼎文書局,民國 64 年。

14. 五代・劉昫,《舊唐書》,台北:鼎文書局,民國 65 年。

15. 宋・歐陽修、宋　祁，《新唐書》，台北：鼎文書局，民國 65 年。

16. 元・脫脫，《宋史》，台北：鼎文書局，民國 67 年。

17. 元・脫脫，《遼史》，台北：鼎文書局，民國 64 年。

18. 元・脫脫，《金史》，台北：鼎文書局，民國 65 年。

19. 《明太祖實錄》、《明太宗實錄》、《明宣宗實錄》、《明英宗實錄》、《明憲宗實錄》、《明武宗實錄》、《明世宗實錄》、《明神宗實錄》、《明光宗・明熹宗實錄》、《明實錄校勘記》，台北：中央研究院歷史語言研究所，民國 53～55 年。

20. 《萬曆起居注》，北京：北京大學出版社，1988 年。

21. 明・仁孝徐皇后，《內訓》，收入《四庫全書珍本》第十一集〔103〕，台北：臺灣商務書局，民國 71 年。

22. 明・解　縉等，《古今列女傳》，收入於《景印文淵閣四庫全書》452 冊，台北：臺灣商務印書館，民國 73 年。

23. 明・顧秉謙，《三朝要典》，台北：偉文圖書出版社有限公司，民國 65 年。

24. 清・張廷玉，《明史》，台北：鼎文書局，民國 65 年。

25. 清・清高宗，《欽定古今儲貳金鑑》，收入《四庫全書珍本》第五集〔116〕，台北：臺灣商務印書館，民國 63 年。

二、筆記、小說、文集及其他

1. 韓非，《韓非子》，收入《四庫備要》子部，台北：中華書局，民國 54 年。

2. 漢・賈誼，《賈子新書》，台北：臺灣商務印書館，民國 57 年。

3. 唐・駱賓王，《駱賓王文集》，宋蜀刻本唐人集叢刊一，上海：上海古籍出版社，1994 年。

4. 明・文秉，《先撥志始》，上海：神州國光社，民國 36 年。

5. 明・左光斗，《左忠毅公文集》，明崇禎 16 年（1643）刊本，國家圖書館漢學研究中心影印自日本內閣文庫藏。

6. 明・朱長祚，《玉鏡新譚》，北京：中華書局，1989 年。

7. 明・西湖義士，《皇明中興聖烈傳》，上海：上海古籍出版社，崇禎元年（1628）刊本，1990 年。

8. 明・佚名（錢一本）編，《萬曆邸鈔》，台北：古亭書屋，民國 57 年。

9. 明・吳亮編，《萬曆疏鈔》，明萬曆己酉（37 年，1609）萬全刊本，國家圖書館善本室微捲。

10. 明・吳越草莽臣，《魏忠賢小說斥奸書》，上海：上海古籍出版社，崇禎元年（1628）刊本，出版年不詳。

11. 明・呂坤等，《閨範》，天啓崇禎年間刊本，中國古代版畫叢刊二編，上

海：上海古籍出版社，1994 年。

12. 明・李遜之，《三朝野記》，收入《明清史料彙編》3 集 1 冊〔17〕，台北：文海出版社，民國 57 年。

13. 明・沈一貫，《敬事草略》，明刊本，國家圖書館漢學研究中心影印自日本內閣文庫藏。

14. 明・沈國元，《兩朝從信錄》，台北：台灣華文書局，民國 58 年。

15. 明・沈榜，《宛署雜記》，收入《筆記小說大觀》35 篇 4 冊，台北：新興書局，民國 72 年。

16. 明・沈德符，《萬曆野獲編》，台北：偉文圖書出版社有限公司，民國 65 年。

17. 明・長安道人國清，《警世陰陽夢》，上海：上海古籍出版社，崇禎元年（1628）刊本，出版年月不詳。

18. 明・計六奇，《明季北略》，收入《明清史料彙編》4 集 1 冊〔27〕，台北：文海出版社，民國 57 年。

19. 明・夏允彞，《幸存錄》，收入《明清史料彙編》2 集 4 冊〔12〕，台北：文海出版社，民國 56 年。

20. 明・張潑，《庚申紀事》，收入《百部叢書集成》〔48〕，借月山房彙鈔，第 3 函，台北：藝文印書館，民國 56 年。

21. 明・陳子龍，《皇明經世文編》，台北：國聯圖書出版有限公司，民國 53 年。

22. 明・黃尊素，《說略》，收入《中國野史集成：先秦～清末 31 集》，成都：巴蜀書社，1993 年。

23. 明・楊漣，《楊大洪先生文集》，收入《百部叢書集成》〔26〕，正誼堂全書，第 20 函，台北：藝文印書館，民國 57 年。

24. 明・葉向高，《綸扉奏草》，台北：偉文圖書出版社有限公司，民國 66 年。

25. 明・葉向高，《蘧編》，台北：偉文圖書出版社有限公司，民國 66 年。

26. 明・劉若愚，《酌中志》，台北：偉文圖書出版社有限公司，民國 65 年。

27. 明・蔣之翹，《天啟宮詞》，收入《叢書集成新編》〔71〕，台北：新文豐出版社，民國 74 年。

28. 明・談遷，《國榷》，台北：鼎文書局，民國 67 年。

29. 清・毛奇齡，《勝朝彤史拾遺記》，收入《百部叢書集成》〔35〕，藝海珠塵本，第 4 函，台北：藝文印書館，民國 55 年。

30. 清・谷應泰，《明史紀事本末》，北京：中華書局，1985 年。

31. 清・查繼佐，《罪惟錄列傳》，台北：明文書局，民國 80 年。

32. 清・程嗣章，《明宮詞》，收入《皇明帝后紀略》，明代傳記叢刊〔070〕，

台北：明文書局，民國 80 年。

33. 清‧嚴虞惇，《艷囮二則》，收入《筆記小說大觀》5 篇 6 冊，台北：新興書局，民國 63 年。

貳、今人論著

一、中文著作

甲、專書

1. 王天有，《晚明東林黨議》，上海：上海古籍出版社，1991 年。

2. 西蒙波娃（Simon de Beauvoir）著，歐陽子等譯，《第二性》，台北：晨鐘出版社，1972 年。

3. 何寶善，《萬曆皇帝——朱翊鈞》，北京：北京燕山出版社，1990 年。

4. 余英時，《歷史與思想》，台北：聯經出版事業公司，1976 年。

5. 冷東，《葉向高與明末政壇》，汕頭：汕頭大學出版社，1996 年。

6. 岳南、楊仕，《風雪定陵》，台北：遠流出版事業股份有限公司，1996 年。

7. 林金樹，《天啓皇帝大傳》（瀋陽：遼寧教育出版社，1993 年）。

8. 林金樹，《萬曆帝》，長春：吉林文史出版社，1996 年。

9. 苗棣，《魏忠賢專權研究》，北京：中國社會科學出版社，1994 年。

10. 徐復觀，《中國思想史論集》，台北：臺灣學生書局，1974 年。

11. 康樂，《從西郊到南郊——國家祭典與北魏政治》，台北：稻鄉出版社，1995 年。

12. 曹國慶，《萬曆皇帝大傳》，瀋陽：遼寧教育出版社，1994 年。

13. 寒爵，《明末太監魏忠賢》，台北：黎明文化事業股份有限公司，1995 年。

14. 黃仁宇，《萬曆十五年》，台北：食貨出版社，1985 年。

15. 黃彰健，《明代律例彙編》，台北：中央研究院歷史語言研究所，1978 年。

16. 楊暘，《明神宗傳》，台北：祺齡出版社，1995 年。

17. 楊聯陞，《國史探微》，台北：聯經出版事業公司，1983 年。

18. 溝口雄三著，林右崇譯，《中國前近代思想的演變》，台北：國立編譯館，1994 年。

19. 溫功義，《明末三案》，台北：谷風出版社，1986 年。

20. 樊樹志，《萬曆傳》，台北：臺灣商務印書館，1996 年。

21. 蔡東帆，《明朝演義》，中國歷史演義全集，台北：遠流出版事業股份有限公司，1979 年。

22. 鄭克晟，《明代政爭探源》，天津：天津古籍出版社，1988 年。

23. 謝國楨,《明清之際黨社運動考》,台北:臺灣商務印書館,1967 年。

24. 謝敏聰,《北京的城垣與宮闕之再研究》,台北:臺灣學生書局,1989 年。

25. 《中國歷史圖說》(十),台北:新新文化出版社有限公司,1979 年。

26. 《文物光華》(二)、(七),台北:國立故宮博物院,1986、1994 年。

乙、論文

1. 小野和子,〈東林黨考〉,《日本學者研究中國史論著選譯·第六卷 明清》,北京:中華書局,1993 年。

2. 方爾加,〈試論顧憲成的理學思想〉,《中國社會科學院研究生學報》,1989:6。

3. 王天有,〈略論明萬曆、天啓年間的黨爭對遼東戰局的影響〉,《歷史教學》,1983:5。

4. 王世華,〈論魏忠賢專權〉,《安徽師大學報》,1980:4。

5. 王莉華,〈明代王錫爵研究〉,中國文化大學史學研究所碩士論文,1983 年。

6. 王雅各,〈婦女研究對社會學的影響〉,《近代中國婦女史研究》4,1996 年 8 月。

7. 王毅,〈周順昌和東林黨——讀李玉《清忠譜》札記〉,《武漢師範學院學報》(哲學社會科學版),1983:1。

8. 古清美,〈東林講學與節義之風〉,《孔孟月刊》22:3,1983 年。

9. 古清美,〈清初經世之學與東林學派的關係〉,《孔孟月刊》24:3,1985 年。

10. 古清美,〈黃梨洲東林學案與顧涇陽、高景逸原著之比較〉,《孔孟月刊》23:3,1984 年。

11. 古清美,〈顧涇陽、高景逸思想之比較研究〉,國立臺灣大學中文研究所博士論文,1979 年。

12. 左雲鵬、劉重日,〈明代東林黨爭的社會背景及其與市民運動的關係〉,《中國資本主義萌芽問題討論集續篇》,北京:三聯書店,1960 年。

13. 田培棟,〈明後期山陝東林黨人的反腐朽鬥爭〉,《北京師範大學學報》,1991:3。

14. 朱鴻,〈「大禮」議與明嘉靖初期的政治〉,國立臺灣師範大學歷史研究所碩士論文,1978 年。

15. 朱鴻,〈君儲聖王·以道正格——歷代的君主教育〉,《中國文化新論思想篇二·立國的宏規》,台北:聯經出版事業公司,1982 年。

16. 朱鴻,〈明太祖諸夷功臣的原因〉,《國立臺灣師範大學歷史學報》8,1980 年 5 月。

17. 衣若蘭，〈近十年兩岸明代婦女史研究（1986～1996）〉，《國立臺灣師範大學歷史學報》25，1997 年 6 月。

18. 衣若蘭，〈明熹宗乳母奉聖夫人客氏〉，《史耘》3、4 期，1998 年 9 月。

19. 何平立，〈明代內閣與朋黨關係略論〉，《上海大學學報》1986：3～4。

20. 何孝榮，〈葉向高與明末政局〉，《福建論壇》，1994：3。

21. 余英時，〈「君尊臣卑」下的君權與相權——「反智論與中國政治傳統」餘論〉，《歷史與思想》，台北：聯經出版事業公司，1976 年。

22. 吳觀文，〈論明代黨爭的特點〉，《船山學報》，1987：1。

23. 巫仁恕，〈明末的戲劇與城市民變〉，《九州學刊》6：3，1994 年 12 月。

24. 李灼然，〈論東林黨爭與晚明政治〉，《明清史集刊》1，香港：香港大學，1985 年。

25. 李洵，〈試論東林黨人的形成〉，《歷史教學》，1955：10。

26. 李貞德，〈漢魏六朝的乳母〉，台北：「醫療與中國社會」學術研討會，1997 年 6 月。

27. 杜芳琴，〈中國歷代女主與女主政治論〉，《中國婦女史論集 四集》，台北：稻鄉出版社，1995 年。

28. 步近智，〈明末東林學派的思想特徵〉，《文史哲》，1985：5。

29. 步近智，〈東林學派與明清之際的實學思潮〉，《浙江學刊》，1991：4。

30. 邢義田，〈奉天承運——皇帝制度〉，《中國文化新論制度篇·立國的宏規》，台北：聯經出版事業公司，1983 年。

31. 周宗泉，〈李三才與東林黨之關係新論〉，《史苑》51，1990 年 12 月。

32. 周學軍，〈東林黨人的作為：政治與經濟的背離〉，《江漢論壇》，1988：11。

33. 林麗月，〈「擊內」抑或「調和」？——試論東林領袖的制宦策略〉，《國立臺灣師範大學歷史學報》14，1986 年 6 月。

34. 林麗月，〈李三才與東林黨〉，《國立臺灣師範大學歷史學報》9，1981 年 6 月。

35. 林麗月，〈明末東林派的幾個政治觀念〉，《國立臺灣師範大學歷史學報》11，1983 年 6 月。

36. 林麗月，〈明末東林運動新探〉，國立台灣師範大學歷史研究所博士論文，1984 年。

37. 林麗月，〈東林運動與晚明經濟〉，《晚明思潮與社會經濟》，台北：淡江中文系，1987 年 12 月。

38. 林麗月，〈閣部衝突與萬曆朝的黨爭〉，《國立臺灣師範大學歷史學報》10，1986 年 6 月。

39. 侯明，〈明末言官集團分化的原因〉，《社會科學輯刊》，1991：4。

40. 俞達珠，〈葉向高年表〉，《福建文史》，1996：6。

41. 洪煥椿，〈東林學派與江南經濟〉，《九州學刊》，1987：3/6。

42. 紀云，〈惡貫滿盈的魏忠賢〉，《人物》，1980：4。

43. 范兆琪，〈明代正直的名相——葉向高〉，《史學月刊》，1988：4。

44. 唐文基、周英玉，〈葉向高和明末政局〉，《福建文史》，1996：6。

45. 孫中曾，〈劉宗周的道德世界——從經世、道德命題到道德內省的實踐歷程〉，國立清華大學歷史研究所碩士論文，1991 年。

46. 徐泓，〈明代的婚姻制度〉，《大陸雜誌》78：1/2，1989 年。

47. 徐凱，《泰昌帝・天啓帝》（長春：吉林文史出版社，1996 年）。

48. 徐復觀，〈中國孝道思想的形成演變及其歷史中的諸問題〉，《中國思想史論集》，台北：臺灣學生書局，1974 年。

49. 商傳，〈近年來明史研究管見〉，《中國史研究動態》，1997：4。

50. 康樂，〈孝道與北魏政治〉，《從西郊到南郊——國家祭典與北魏政治》，台北：稻鄉出版社，1995 年。

51. 許大齡，〈試論晚明後期的東林黨人〉，《明清史國際學術討論會論文集》，天津人民出版社，1982 年。

52. 郭英德，〈明代文人結社說略〉，《北京師範大學學報》，1992：4。

53. 陳遵沂，〈論葉向高〉，《福建文史》，1996：6。

54. 曾光正，〈東林學派的性善論與工夫論〉，國立清華大學歷史研究所碩士論文，1989 年。

55. 曾昭旭，〈骨肉相親・志業相承——孝道觀念的發展〉，《中國文化新論思想篇二・天道與人道》，台北：聯經出版事業公司，1983 年。

56. 楊聯陞，〈國史上的女主〉，《國史探微》，台北：聯經出版事業公司，1983 年。

57. 溝口雄三原著，林右崇翻譯，〈所謂「東林派人士」的思想——中國思想在「前近代期」的展開（上）〉，《中國前近代思想的演變》，台北：國立編譯館，1994 年。

58. 葛榮晉，〈東林學派和晚明朱學的復興〉，《書目季刊》22：4，1989 年 3 月。

59. 雷飛龍，〈漢、唐、宋、明朋黨的形成原因〉，國立政治大學政治研究所博士論文，1962 年。

60. 趙承中，〈「風聲、雨聲、讀書聲，聲聲入耳；家事、國事、天下事，事事關心」——關於原存東林書院舊址的一副抱對的來歷、作者和傳世年代問題〉，《書目季刊》29：3，1995 年。

61. 趙承中，〈周順昌受逮前傳書高攀龍事考〉，《中國史研究》，1983：4。

62. 劉志琴，〈試論萬曆民變〉，《明清史國際學術討論會論文集》，天津：天津人民出版社，1982年。

63. 劉志琴，〈論東林黨的滅亡〉，《中國史研究》，1979：3。

64. 劉志琴，〈論東林黨興亡〉，《明清史國際學術討論會論文集》，天津：天津人民出版社，1982年。

65. 劉炎，〈明末城市經濟發展下的初期市民運動〉，《中國資本主義萌芽問題討論集》，北京：三聯書店，1957年。

66. 劉紀曜，〈公與私——忠的倫理與內涵〉，《中國文化新論思想篇二‧天道與人道》，台北：聯經出版事業公司，1983年。

67. 劉惠孫、蕭獻明，〈明神宗初政與後期的政治癱瘓和葉向高輔政〉，《福建文史》，1996：6。

68. 劉詠聰，〈先秦時期禁止女性從政的言論〉，《女性與歷史——中國傳統觀念新探》，台北：臺灣商務印書館，1995年。

69. 劉靜貞，〈范仲淹的政治理念與實際〉，《皇帝和他們的權力：北宋前期》，台北：稻鄉出版社，1996年。

70. 劉靜貞，〈從皇后干政到太后攝政〉，《中國婦女史論集續集》，台北：稻鄉出版社，1991年。

71. 樊樹志，〈帝王心理：明神宗的案例〉，《學術月刊》，1995：1。

72. 滕秋耘，〈魏忠賢專權探源〉，《文史知識》，1985：12。

73. 鄭培凱，〈湯顯祖與晚明政治〉，上、中、下。，《九州學刊》1：3，1987.3；1：4，1987.6；2：2，1988.1。

74. 鄭壽岩，〈葉向高與遼東經撫事情〉，《福建文史》，1996：6。

75. 韓道誠，〈明神宗的變態行為——魏忠賢傳中之一章〉，《反攻》443/444，1984年12月。

76. 韓道誠，〈萬曆時代的宮庭生活——魏忠賢傳中之一章〉，《書目季刊》20：1，1986年6月。

77. 顏美娟，〈明末清初時事小說研究〉，中國文化大學中國文學研究所博士論文，1992年12月。

78. 顏章炮，〈略論葉向高對明末弊政的匡救〉，《福建文史》，1996：6。

79. 羅溥洛（Paul Ropp）著；梁其姿譯，〈明清婦女研究：評介最近有關之英文著作〉，《新史學》，2卷4期，1991年12月。

80. Charles O. Hucker 著，張永堂譯，〈明末的東林運動〉，《中國思想與制度論集》，台北：聯經出版事業公司，1977年。

二、外文著作

1. 小野和子，〈東林党考（一）——淮撫李三才をめぐって〉，《東方學報》，第 52 冊，京都大學人文科學研究所，1980.3。

2. 小野和子，《明季党社考——東林党と復社》，京都：同朋舍株式会社，東洋史研究叢刊之五十，1996.2。

3. Busch, Heinrich.,"The Tung-lin Academy and Its Political and Philosophical Significance", Ph. D. dissertation, Columbia University, 1954.

4. Hucker, Charles O. "The Tung-lin Movement of the Late Ming Period", in J. K. Fairbank ed., Chinese Thought and Institutions, University of Chicago Press, 1957.

5. Soulliere, Ellen Felicia. "Palace women in the Ming Dynasty：1368～1644", Ph. D. dissertation, Princeton University, 1987.